卞尺丹几乙し丹卞と
Translated Language Learning

The Communist Manifesto

Kommunistinen Manifesti

Karl Marx & Friedrich Engels

English / Suomi

Copyright © 2024 Tranzlaty
All rights reserved.
Published by Tranzlaty
ISBN: 978-1-83566-570-1
Original text by Karl Marx and Friedrich Engels
The Communist Manifesto
First published in 1848
www.tranzlaty.com

Introduction
Johdanto

A spectre is haunting Europe — the spectre of Communism
Eurooppaa vainoaa aave – kommunismin haamu
All the Powers of old Europe have entered into a holy alliance to exorcise this spectre
Kaikki vanhan Euroopan vallat ovat liittyneet pyhään liittoon manatakseen tämän aaveen
Pope and Czar, Metternich and Guizot, French Radicals and German police-spies
Paavi ja tsaari, Metternich ja Guizot, ranskalaiset radikaalit ja saksalaiset poliisivakoojat
Where is the party in opposition that has not been decried as Communistic by its opponents in power?
Missä on oppositiopuolue, jota sen vallassa olevat vastustajat eivät ole tuominneet kommunistiseksi?
Where is the Opposition that has not hurled back the branding reproach of Communism, against the more advanced opposition parties?
Missä on oppositio, joka ei ole heittänyt takaisin kommunismin leimausmoitetta edistyneempiä oppositiopuolueita vastaan?
And where is the party that has not made the accusation against its reactionary adversaries?
Ja missä on puolue, joka ei ole esittänyt syytöksiä taantumuksellisia vastustajiaan vastaan?
Two things result from this fact
Tästä seuraa kaksi asiaa
I. Communism is already acknowledged by all European Powers to be itself a Power
I. Kaikki Euroopan vallat ovat jo tunnustaneet kommunismin itse vallaksi
II. It is high time that Communists should openly, in the face of the whole world, publish their views, aims and tendencies

II. Kommunistien on korkea aika avoimesti koko maailman edessä julkistaa näkemyksensä, päämääränsä ja taipumuksensa

they must meet this nursery tale of the Spectre of Communism with a Manifesto of the party itself

heidän on kohdattava tämä kommunismin aaveen lastentarhatarina puolueen itsensä manifestilla

To this end, Communists of various nationalities have assembled in London and sketched the following Manifesto

Tätä tarkoitusta varten eri kansallisuuksia edustavat kommunistit ovat kokoontuneet Lontooseen ja luonnostelleet seuraavan manifestin

this manifesto is to be published in the English, French, German, Italian, Flemish and Danish languages

Tämä manifesti julkaistaan englannin, ranskan, saksan, italian, flaamin ja tanskan kielellä

And now it is to be published in all the languages that Tranzlaty offers

Ja nyt se julkaistaan kaikilla Tranzlatyn tarjoamilla kielillä

Bourgeois and the Proletarians
Porvaristo ja proletaarit

The history of all hitherto existing societies is the history of class struggles
Kaikkien tähän asti olemassa olleiden yhteiskuntien historia on luokkataistelujen historiaa
Freeman and slave, patrician and plebeian, lord and serf, guild-master and journeyman
Freeman ja orja, patriisi ja plebeija, herra ja maaorja, kiltamestari ja kisälli
in a word, oppressor and oppressed
sanalla sanoen, sortaja ja sorrettu
these social classes stood in constant opposition to one another
Nämä yhteiskuntaluokat olivat alituisessa vastakkainasettelussa
they carried on an uninterrupted fight. Now hidden, now open
He jatkoivat keskeytymätöntä taistelua. Nyt piilossa, nyt auki
a fight that either ended in a revolutionary re-constitution of society at large
taistelu, joka joko päättyi koko yhteiskunnan vallankumoukselliseen jälleenrakentamiseen
or a fight that ended in the common ruin of the contending classes
tai taistelu, joka päättyi kilpailevien luokkien yhteiseen tuhoon
let us look back to the earlier epochs of history
Katsokaamme taaksepäin historian aikaisempiin aikakausiin
we find almost everywhere a complicated arrangement of society into various orders
Löydämme melkein kaikkialla monimutkaisen yhteiskunnan järjestelyn eri järjestyksiin
there has always been a manifold gradation of social rank
Sosiaalinen asema on aina ollut moninkertainen

In ancient Rome we have patricians, knights, plebeians, slaves

Muinaisessa Roomassa meillä on patriisit, ritarit, plebeijit, orjat

in the Middle Ages: feudal lords, vassals, guild-masters, journeymen, apprentices, serfs

keskiajalla: feodaaliset herrat, vasallit, kiltamestarit, kisällit, oppipojat, orjat

in almost all of these classes, again, subordinate gradations

Lähes kaikissa näissä luokissa taas alisteiset asteikot

The modern Bourgeoisie society has sprouted from the ruins of feudal society

Nykyaikainen porvarisyhteiskunta on versonut feodaalisen yhteiskunnan raunioista

but this new social order has not done away with class antagonisms

Mutta tämä uusi yhteiskuntajärjestys ei ole poistanut luokkavastakohtaisuuksia

It has but established new classes and new conditions of oppression

Se on vain luonut uusia luokkia ja uusia sorron olosuhteita

it has established new forms of struggle in place of the old ones

Se on vakiinnuttanut uusia taistelumuotoja vanhojen tilalle

however, the epoch we find ourselves in possesses one distinctive feature

Aikakaudella, jossa olemme, on kuitenkin yksi erottuva piirre

the epoch of the Bourgeoisie has simplified the class antagonisms

porvariston aikakausi on yksinkertaistanut luokkavastakohtaisuuksia

Society as a whole is more and more splitting up into two great hostile camps

Koko yhteiskunta on yhä enemmän jakautumassa kahteen suureen vihamieliseen leiriin

**two great social classes directly facing each other:
Bourgeoisie and Proletariat**
kaksi suurta yhteiskuntaluokkaa, jotka ovat suoraan
vastakkain: porvaristo ja proletariaatti
**From the serfs of the Middle Ages sprang the chartered
burghers of the earliest towns**
Keskiajan maaorjista syntyivät varhaisimpien kaupunkien
rahdatut porvarit
**From these burgesses the first elements of the Bourgeoisie
were developed**
Näistä porvareista kehitettiin porvariston ensimmäiset
elementit
The discovery of America and the rounding of the Cape
Amerikan löytäminen ja Kapin pyöristäminen
**these events opened up fresh ground for the rising
Bourgeoisie**
nämä tapahtumat avasivat uuden maaperän nousevalle
porvaristolle
**The East-Indian and Chinese markets, the colonisation of
America, trade with the colonies**
Itä-Intian ja Kiinan markkinat, Amerikan kolonisaatio, kauppa
siirtomaiden kanssa
**the increase in the means of exchange and in commodities
generally**
vaihtovälineiden ja yleensä tavaroiden lisääntyminen
**these events gave to commerce, navigation, and industry an
impulse never before known**
Nämä tapahtumat antoivat kaupalle, navigoinnille ja
teollisuudelle impulssin, jota ei ole koskaan ennen tunnettu
**it gave rapid development to the revolutionary element in
the tottering feudal society**
Se antoi nopean kehityksen horjuvan feodaalisen
yhteiskunnan vallankumoukselliselle elementille
**closed guilds had monopolised the feudal system of
industrial production**

Suljetut killat olivat monopolisoineet teollisen tuotannon
feodaalisen järjestelmän
**but this no longer sufficed for the growing wants of the new
markets**
Tämä ei kuitenkaan enää riittänyt uusien markkinoiden
kasvaviin tarpeisiin
**The manufacturing system took the place of the feudal
system of industry**
Valmistusjärjestelmä korvasi feodaalisen
teollisuusjärjestelmän
**The guild-masters were pushed on one side by the
manufacturing middle class**
Kiltamestarit työnnettiin syrjään valmistavan keskiluokan
toimesta
**division of labour between the different corporate guilds
vanished**
Työnjako eri yrityskiltojen välillä katosi
the division of labour penetrated each single workshop
Työnjako tunkeutui jokaiseen työpajaan
**Meantime, the markets kept ever growing, and the demand
ever rising**
Sillä välin markkinat jatkoivat kasvuaan ja kysyntä kasvoi
jatkuvasti
Even factories no longer sufficed to meet the demands
Edes tehtaat eivät enää riittäneet vastaamaan vaatimuksiin
**Thereupon, steam and machinery revolutionised industrial
production**
Tämän jälkeen höyry ja koneet mullistivat teollisen tuotannon
**The place of manufacture was taken by the giant, Modern
Industry**
Valmistuspaikan otti jättiläinen, moderni teollisuus
**the place of the industrial middle class was taken by
industrial millionaires**
Teollisen keskiluokan paikan ottivat teolliset miljonäärit
**the place of leaders of whole industrial armies were taken
by the modern Bourgeoisie**

kokonaisten teollisuusarmeijoiden johtajien paikan otti nykyaikainen porvaristo

the discovery of America paved the way for modern industry to establish the world market

Amerikan löytäminen tasoitti tietä nykyaikaiselle teollisuudelle maailmanmarkkinoiden perustamiseksi

This market gave an immense development to commerce, navigation, and communication by land

Nämä markkinat kehittivät valtavasti kauppaa, navigointia ja maaviestintää

This development has, in its time, reacted on the extension of industry

Tämä kehitys on aikanaan reagoinut teollisuuden laajenemiseen

it reacted in proportion to how industry extended, and how commerce, navigation and railways extended

Se reagoi suhteessa siihen, miten teollisuus laajeni ja miten kauppa, navigointi ja rautatiet laajenivat

in the same proportion that the Bourgeoisie developed, they increased their capital

samassa suhteessa kuin porvaristo kehittyi, he lisäsivät pääomaansa

and the Bourgeoisie pushed into the background every class handed down from the Middle Ages

ja porvaristo työnsi taka-alalle jokaisen keskiajalta periytyneen luokan

therefore the modern Bourgeoisie is itself the product of a long course of development

sen vuoksi nykyaikainen porvaristo on itse pitkän kehityskulun tuote

we see it is a series of revolutions in the modes of production and of exchange

Näemme, että se on sarja vallankumouksia tuotanto- ja vaihtotavoissa

Each developmental Bourgeoisie step was accompanied by a corresponding political advance

Jokaista porvariston kehitysaskelta seurasi vastaava
poliittinen edistysaskel
An oppressed class under the sway of the feudal nobility
Sorrettu luokka feodaalisen aateliston vallassa
**an armed and self-governing association in the mediaeval
commune**
Aseellinen ja itsehallinnollinen yhdistys keskiaikaisessa
kunnassa
**here, an independent urban republic (as in Italy and
Germany)**
täällä itsenäinen kaupunkitasavalta (kuten Italiassa ja
Saksassa)
there, a taxable "third estate" of the monarchy (as in France)
siellä verotettava monarkian "kolmas omaisuus" (kuten
Ranskassa)
afterwards, in the period of manufacture proper
sen jälkeen varsinaisen valmistuksen aikana
**the Bourgeoisie served either the semi-feudal or the absolute
monarchy**
porvaristo palveli joko puolifeodaalista tai absoluuttista
monarkiaa
**or the Bourgeoisie acted as a counterpoise against the
nobility**
tai porvaristo toimi vastapainona aatelistoa vastaan
**and, in fact, the Bourgeoisie was a corner-stone of the great
monarchies in general**
ja itse asiassa porvaristo oli suurten monarkioiden kulmakivi
yleensä
**but Modern Industry and the world-market established
itself since then**
mutta moderni teollisuus ja maailmanmarkkinat
vakiinnuttivat asemansa siitä lähtien
**and the Bourgeoisie has conquered for itself exclusive
political sway**
ja porvaristo on voittanut itselleen yksinomaisen poliittisen
vallan

it achieved this political sway through the modern representative State

se saavutti tämän poliittisen vallan nykyaikaisen edustuksellisen valtion kautta

The executives of the modern State are but a management committee

Nykyaikaisen valtion toimeenpanevat elimet ovat vain hallintokomitea

and they manage the common affairs of the whole of the Bourgeoisie

ja he hoitavat koko porvariston yhteisiä asioita

The Bourgeoisie, historically, has played a most revolutionary part

Porvaristolla on historiallisesti ollut mitä vallankumouksellisin osa

wherever it got the upper hand, it put an end to all feudal, patriarchal, and idyllic relations

Missä tahansa se sai yliotteen, se lopetti kaikki feodaaliset, patriarkaaliset ja idylliset suhteet

It has pitilessly torn asunder the motley feudal ties that bound man to his "natural superiors"

Se on säälimättömästi repinyt rikki kirjavat feodaaliset siteet, jotka sitoivat ihmisen "luonnollisiin esimiehiinsä"

and it has left remaining no nexus between man and man, other than naked self-interest

eikä se ole jättänyt jäljelle mitään muuta yhteyttä ihmisen ja ihmisen välille kuin paljaan oman edun tavoittelun

man's relations with one another have become nothing more than callous "cash payment"

Ihmisten keskinäisistä suhteista on tullut vain tunteeton "käteismaksu"

It has drowned the most heavenly ecstasies of religious fervour

Se on hukuttanut uskonnollisen kiihkon taivaallisimmat hurmiot

**it has drowned chivalrous enthusiasm and philistine
sentimentalism**

Se on hukuttanut ritarillisen innostuksen ja poroporvarillisen
sentimentalismin

**it has drowned these things in the icy water of egotistical
calculation**

Se on hukuttanut nämä asiat egoistisen laskelmoinnin jäiseen
veteen

It has resolved personal worth into exchangeable value

Se on ratkaissut henkilökohtaisen arvon vaihdettavaksi
arvoksi

**it has replaced the numberless and indefeasible chartered
freedoms**

Se on korvannut lukemattomat ja luovuttamattomat
perusoikeuskirjan mukaiset vapaudet

**and it has set up a single, unconscionable freedom; Free
Trade**

ja se on luonut yhden, kohtuuttoman vapauden; Vapaakauppa

In one word, it has done this for exploitation

Yhdellä sanalla sanoen, se on tehnyt tämän hyväksikäyttöä
varten

exploitation veiled by religious and political illusions

uskonnollisten ja poliittisten illuusioiden verhoama
hyväksikäyttö

**exploitation veiled by naked, shameless, direct, brutal
exploitation**

hyväksikäyttö peittyy alastomaan, häpeämättömään, suoraan
ja julmaan hyväksikäyttöön

**the Bourgeoisie has stripped the halo off every previously
honoured and revered occupation**

porvaristo on riisunut sädekehän jokaisesta aikaisemmin
kunnioitetusta ja kunnioitetusta miehityksestä

**the physician, the lawyer, the priest, the poet, and the man
of science**

lääkäri, lakimies, pappi, runoilija ja tieteen mies

it has converted these distinguished workers into its paid
wage labourers
Se on muuttanut nämä ansioituneet työläiset
palkkatyöläisikseen
The Bourgeoisie has torn the sentimental veil away from the
family
Porvaristo on repinyt tunteellisen verhon pois perheestä
and it has reduced the family relation to a mere money
relation
ja se on vähentänyt perhesuhteen pelkäksi rahasuhteeksi
the brutal display of vigour in the Middle Ages which
Reactionists so much admire
keskiajan julma voimannäyttö, jota taantumukselliset niin
suuresti ihailevat
even this found its fitting complement in the most slothful
indolence
Tämäkin löysi sopivan täydennyksensä laiskimmista
laiskuudesta
The Bourgeoisie has disclosed how all this came to pass
Porvaristo on paljastanut, miten tämä kaikki tapahtui
The Bourgeoisie have been the first to show what man's
activity can bring about
Porvaristo on ensimmäisenä osoittanut, mitä ihmisen toiminta
voi saada aikaan
It has accomplished wonders far surpassing Egyptian
pyramids, Roman aqueducts, and Gothic cathedrals
Se on saavuttanut ihmeitä, jotka ylittävät paljon Egyptin
pyramidit, roomalaiset vesijohdot ja goottilaiset katedraalit
and it has conducted expeditions that put in the shade all
former Exoduses of nations and crusades
ja se on johtanut retkikuntia, jotka asettavat varjoon kaikki
entiset kansojen exodukset ja ristiretket
The Bourgeoisie cannot exist without constantly
revolutionising the instruments of production
Porvaristo ei voi olla olemassa ilman, että se jatkuvasti
mullistaa tuotantovälineitä

and thereby it cannot exist without its relations to production

ja siten se ei voi olla olemassa ilman suhteitaan tuotantoon

and therefore it cannot exist without its relations to society

ja siksi se ei voi olla olemassa ilman suhteitaan yhteiskuntaan

all earlier industrial classes had one condition in common

Kaikilla aikaisemmilla teollisuusluokilla oli yksi yhteinen ehto

they relied on the conservation of the old modes of production

He luottivat vanhojen tuotantotapojen säilyttämiseen

but the Bourgeoisie brought with it a completely new dynamic

mutta porvaristo toi mukanaan aivan uuden dynamiikan

Constant revolutionizing of production and uninterrupted disturbance of all social conditions

Tuotannon jatkuva mullistaminen ja kaikkien yhteiskunnallisten olojen keskeytymätön häiriintyminen

this everlasting uncertainty and agitation distinguishes the Bourgeoisie epoch from all earlier ones

tämä ikuinen epävarmuus ja levottomuus erottaa porvariston kaikista aikaisemmista

previous relations with production came with ancient and venerable prejudices and opinions

Aikaisempiin tuotantosuhteisiin liittyi ikivanhoja ja kunnioitettavia ennakkoluuloja ja mielipiteitä

but all of these fixed, fast-frozen relations are swept away

Mutta kaikki nämä kiinteät, nopeasti jäätyneet suhteet pyyhkäistään pois

all new-formed relations become antiquated before they can ossify

Kaikki uudet suhteet vanhenevat ennen kuin ne ehtivät luutua

All that is solid melts into air, and all that is holy is profaned

Kaikki kiinteä sulaa ilmaan, ja kaikki, mikä on pyhää, häpäistään

man is at last compelled to face with sober senses, his real conditions of life

Ihmisen on lopultakin pakko kohdata vakavat aistinsa, todelliset elinehtonsa
and he is compelled to face his relations with his kind
ja hänen on pakko kohdata suhteensa kaltaisiinsa
The Bourgeoisie constantly needs to expand its markets for its products
Porvariston on jatkuvasti laajennettava tuotteidensa markkinoita
and, because of this, the Bourgeoisie is chased over the whole surface of the globe
ja tämän vuoksi porvaristo ajetaan koko maapallon pinnan yli
The Bourgeoisie must nestle everywhere, settle everywhere, establish connections everywhere
Porvariston täytyy pesiytyä kaikkialla, asettua kaikkialle, luoda yhteyksiä kaikkialle
The Bourgeoisie must create markets in every corner of the world to exploit
Porvariston on luotava markkinoita maailman joka kolkkaan riistettäväksi
the production and consumption in every country has been given a cosmopolitan character
Jokaisen maan tuotannolle ja kulutukselle on annettu kosmopoliittinen luonne
the chagrin of Reactionists is palpable, but it has carried on regardless
taantumuksellisten suru on käsin kosketeltavaa, mutta se on jatkunut siitä huolimatta
The Bourgeoisie have drawn from under the feet of industry the national ground on which it stood
Porvaristo on vetänyt teollisuuden jalkojen alta kansallisen maaperän, jolla se seisoi
all old-established national industries have been destroyed, or are daily being destroyed
Kaikki vanhat kansalliset teollisuudenalat on tuhottu tai tuhotaan päivittäin

all old-established national industries are dislodged by new industries

Uudet teollisuudenalat syrjäyttävät kaikki vanhat kansalliset teollisuudenalat

their introduction becomes a life and death question for all civilised nations

Niiden käyttöönotosta tulee elämän ja kuoleman kysymys kaikille sivistyskansoille

they are dislodged by industries that no longer work up indigenous raw material

Ne syrjäytetään teollisuudenaloilla, jotka eivät enää käytä kotimaisia raaka-aineita

instead, these industries pull raw materials from the remotest zones

Sen sijaan nämä teollisuudenalat vetävät raaka-aineita syrjäisimmiltä alueilta

industries whose products are consumed, not only at home, but in every quarter of the globe

teollisuudenalat, joiden tuotteita kulutetaan paitsi kotona myös joka puolella maailmaa

In place of the old wants, satisfied by the productions of the country, we find new wants

Vanhojen tarpeiden sijasta, jotka maan tuotannot tyydyttävät, löydämme uusia tarpeita

these new wants require for their satisfaction the products of distant lands and climes

Nämä uudet tarpeet vaativat tyydyttääkseen kaukaisten maiden ja ilmastojen tuotteita

In place of the old local and national seclusion and self-sufficiency, we have trade

Vanhan paikallisen ja kansallisen eristäytyneisyyden ja omavaraisuuden tilalle meillä on kauppaa

international exchange in every direction; universal inter-dependence of nations

kansainvälinen vaihto joka suuntaan; kansakuntien yleismaailmallinen keskinäinen riippuvuus

and just as we have dependency on materials, so we are dependent on intellectual production

Ja aivan kuten olemme riippuvaisia materiaaleista, olemme riippuvaisia henkisestä tuotannosta

The intellectual creations of individual nations become common property

Yksittäisten kansakuntien älyllisistä luomuksista tulee yhteistä omaisuutta

National one-sidedness and narrow-mindedness become more and more impossible

Kansallinen yksipuolisuus ja ahdasmielisyys käyvät yhä mahdottomammiksi

and from the numerous national and local literatures, there arises a world literature

Ja lukuisista kansallisista ja paikallisista kirjallisuuksista syntyy maailmankirjallisuus

by the rapid improvement of all instruments of production

parantamalla nopeasti kaikkia tuotantovälineitä

by the immensely facilitated means of communication

valtavasti helpotetulla viestintävälineellä

The Bourgeoisie draws all (even the most barbarian nations) into civilisation

Porvaristo vetää kaikki (jopa kaikkein barbaarisimmat kansakunnat) sivistykseen

The cheap prices of its commodities; the heavy artillery that batters down all Chinese walls

Sen hyödykkeiden halvat hinnat; raskas tykistö, joka lyö alas kaikki kiinalaiset muurit

the barbarians' intensely obstinate hatred of foreigners is forced to capitulate

Barbaarien voimakas itsepäinen viha ulkomaalaisia kohtaan on pakko antautua

It compels all nations, on pain of extinction, to adopt the Bourgeoisie mode of production

Se pakottaa kaikki kansakunnat sukupuuttoon kuolemisen uhalla omaksumaan porvariston tuotantotavan

**it compels them to introduce what it calls civilisation into
their midst**

Se pakottaa heidät tuomaan keskuuteensa sen, mitä se kutsuu
sivilisaatioksi

**The Bourgeoisie force the barbarians to become Bourgeoisie
themselves**

Porvaristo pakottaa barbaarit itse porvaristoksi

**in a word, the Bourgeoisie creates a world after its own
image**

Sanalla sanoen, porvaristo luo maailman oman kuvansa
mukaan

**The Bourgeoisie has subjected the countryside to the rule of
the towns**

Porvaristo on alistanut maaseudun kaupunkien hallintaan

**It has created enormous cities and greatly increased the
urban population**

Se on luonut valtavia kaupunkeja ja lisännyt huomattavasti
kaupunkiväestöä

**it rescued a considerable part of the population from the
idiocy of rural life**

Se pelasti huomattavan osan väestöstä maaseudun elämän
idiotismista

**but it has made those in the the countryside dependent on
the towns**

Mutta se on tehnyt maaseudun asukkaat riippuvaisiksi
kaupungeista

**and likewise, it has made the barbarian countries dependent
on the civilised ones**

Samoin se on tehnyt barbaarimaat riippuvaisiksi sivistyneistä
maista

**nations of peasants on nations of Bourgeoisie, the East on
the West**

talonpoikien kansat porvariston kansakunnissa, itä lännessä

**The Bourgeoisie does away with the scattered state of the
population more and more**

Porvaristo hävittää yhä enemmän väestön hajanaista tilaa

It has agglomerated production, and has concentrated property in a few hands
Se on agglomeroitunut tuotanto ja keskittänyt omaisuuden muutamiin käsiin
The necessary consequence of this was political centralisation
Tämän välttämätön seuraus oli poliittinen keskittäminen
there had been independent nations and loosely connected provinces
Siellä oli ollut itsenäisiä kansakuntia ja löyhästi toisiinsa liittyviä maakuntia
they had separate interests, laws, governments and systems of taxation
Niillä oli erilliset intressit, lait, hallitukset ja verotusjärjestelmät
but they have become lumped together into one nation, with one government
Mutta ne on niputettu yhteen yhdeksi kansakunnaksi, jolla on yksi hallitus
they now have one national class-interest, one frontier and one customs-tariff
Niillä on nyt yksi kansallinen luokkaetu, yksi raja ja yksi tullitariffi
and this national class-interest is unified under one code of law
Ja tämä kansallinen luokkaetu on yhdistetty yhteen lakikokoelmaan
the Bourgeoisie has achieved much during its rule of scarce one hundred years
porvaristo on saavuttanut paljon vajaan sadan vuoden valtakautensa aikana
more massive and colossal productive forces than have all preceding generations together
massiivisemmat ja valtavammat tuotantovoimat kuin kaikki aiemmat sukupolvet yhteensä

Nature's forces are subjugated to the will of man and his machinery

Luonnonvoimat alistetaan ihmisen ja hänen koneistonsa tahdolle

chemistry is applied to all forms of industry and types of agriculture

Kemiaa sovelletaan kaikkiin teollisuuden muotoihin ja maatalouden tyyppeihin

steam-navigation, railways, electric telegraphs, and the printing press

höyrymerenkulku, rautatiet, sähkölennätin ja kirjapaino

clearing of whole continents for cultivation, canalisation of rivers

kokonaisten mantereiden raivaaminen viljelyä varten, jokien kanavointi

whole populations have been conjured out of the ground and put to work

Kokonaisia kansoja on loihdittu maasta ja pantu töihin

what earlier century had even a presentiment of what could be unleashed?

Millä aiemmalla vuosisadalla oli edes aavistustakaan siitä, mitä voitaisiin päästää valloilleen?

who predicted that such productive forces slumbered in the lap of social labour?

Kuka ennusti, että tällaiset tuotantovoimat nukkuivat yhteiskunnallisen työn sylissä?

we see then that the means of production and of exchange were generated in feudal society

Näemme siis, että tuotanto- ja vaihtovälineet luotiin feodaalisessa yhteiskunnassa

the means of production on whose foundation the Bourgeoisie built itself up

tuotantovälineet, joiden perustalle porvaristo rakensi itsensä

At a certain stage in the development of these means of production and of exchange

Näiden tuotanto- ja vaihtovälineiden tietyssä kehitysvaiheessa

the conditions under which feudal society produced and exchanged
olosuhteet, joissa feodaalinen yhteiskunta tuotti ja vaihtoi
the feudal organisation of agriculture and manufacturing industry
Maatalouden ja tehdasteollisuuden feodaalinen organisaatio
the feudal relations of property were no longer compatible with the material conditions
Feodaaliset omistussuhteet eivät enää olleet yhteensopivia aineellisten ehtojen kanssa
They had to be burst asunder, so they were burst asunder
Ne oli räjäytettävä, joten ne räjähtivät rikki
Into their place stepped free competition from the productive forces
Heidän tilalleen astui vapaa kilpailu tuotantovoimista
and they were accompanied by a social and political constitution adapted to it
ja niihin liittyi siihen mukautettu sosiaalinen ja poliittinen perustuslaki
and it was accompanied by the economical and political sway of the Bourgeoisie class
ja siihen liittyi porvariston luokan taloudellinen ja poliittinen vaikutusvalta
A similar movement is going on before our own eyes
Samanlainen liike on käynnissä omien silmiemme edessä
Modern Bourgeoisie society with its relations of production, and of exchange, and of property
Nykyaikainen porvarisyhteiskunta tuotanto-, vaihto- ja omistussuhteineen
a society that has conjured up such gigantic means of production and of exchange
yhteiskunta, joka on loihtinut tällaisia jättiläismäisiä tuotanto- ja vaihtovälineitä
it is like the sorcerer who called up the powers of the nether world
Se on kuin velho, joka kutsui alamaailman voimat

but he is no longer able to control what he has brought into the world

Mutta hän ei enää pysty hallitsemaan sitä, mitä hän on tuonut maailmaan

For many a decade past history was tied together by a common thread

Monta vuosikymmentä mennyttä historiaa sitoi yhteen punainen lanka

the history of industry and commerce has been but the history of revolts

Teollisuuden ja kaupan historia on ollut vain kapinoiden historiaa

the revolts of modern productive forces against modern conditions of production

nykyaikaisten tuotantovoimien kapinat nykyaikaisia tuotanto-olosuhteita vastaan

the revolts of modern productive forces against property relations

nykyaikaisten tuotantovoimien kapinat omistussuhteita vastaan

these property relations are the conditions for the existence of the Bourgeoisie

nämä omistussuhteet ovat porvariston olemassaolon edellytyksiä

and the existence of the Bourgeoisie determines the rules for property relations

ja porvariston olemassaolo määrää omistussuhteiden säännöt

it is enough to mention the periodical return of commercial crises

Riittää, kun mainitaan kaupallisten kriisien säännöllinen paluu

each commercial crisis is more threatening to Bourgeoisie society than the last

jokainen kaupallinen kriisi uhkaa porvariston yhteiskuntaa enemmän kuin edellinen

In these crises a great part of the existing products are destroyed

Näissä kriiseissä suuri osa olemassa olevista tuotteista tuhoutuu

but these crises also destroy the previously created productive forces

Mutta nämä kriisit tuhoavat myös aiemmin luodut tuotantovoimat

in all earlier epochs these epidemics would have seemed an absurdity

Kaikkina varhaisempina aikakausina nämä epidemiat olisivat vaikuttaneet järjettömiltä

because these epidemics are the commercial crises of over-production

Koska nämä epidemiat ovat ylituotannon kaupallisia kriisejä

Society suddenly finds itself put back into a state of momentary barbarism

Yhteiskunta huomaa yhtäkkiä joutuneensa takaisin hetkellisen barbaarisuuden tilaan

as if a universal war of devastation had cut off every means of subsistence

ikään kuin maailmanlaajuinen hävityssota olisi katkaissut kaikki toimeentulomahdollisuudet

industry and commerce seem to have been destroyed; and why?

teollisuus ja kauppa näyttävät tuhoutuneen; Ja miksi?

Because there is too much civilisation and means of subsistence

Koska sivistystä ja toimeentulokeinoja on liikaa

and because there is too much industry, and too much commerce

ja koska teollisuutta on liikaa ja kauppaa liikaa

The productive forces at the disposal of society no longer develop Bourgeoisie property

Yhteiskunnan käytössä olevat tuotantovoimat eivät enää kehitä porvariston omaisuutta

on the contrary, they have become too powerful for these conditions, by which they are fettered

Päinvastoin, niistä on tullut liian voimakkaita näihin olosuhteisiin, joilla ne ovat kahleissa

as soon as they overcome these fetters, they bring disorder into the whole of Bourgeoisie society

heti kun he voittavat nämä kahleet, he tuovat epäjärjestystä koko porvariston yhteiskuntaan

and the productive forces endanger the existence of Bourgeoisie property

ja tuotantovoimat vaarantavat porvariston omaisuuden olemassaolon

The conditions of Bourgeoisie society are too narrow to comprise the wealth created by them

Porvariston yhteiskunnan olosuhteet ovat liian ahtaat käsittääkseen niiden luoman vaurauden

And how does the Bourgeoisie get over these crises?

Ja miten porvaristo selviää näistä kriiseistä?

On the one hand, it overcomes these crises by the enforced destruction of a mass of productive forces

Toisaalta se voittaa nämä kriisit tuhoamalla pakolla joukon tuotantovoimia

on the other hand, it overcomes these crises by the conquest of new markets

Toisaalta se voittaa nämä kriisit valloittamalla uusia markkinoita

and it overcomes these crises by the more thorough exploitation of the old forces of production

Ja se voittaa nämä kriisit vanhojen tuotantovoimien perusteellisemmalla riistämisellä

That is to say, by paving the way for more extensive and more destructive crises

Toisin sanoen tasoittamalla tietä laajemmille ja tuhoisammille kriiseille

it overcomes the crisis by diminishing the means whereby crises are prevented

Se voittaa kriisin vähentämällä keinoja, joilla kriisejä
ehkäistään
**The weapons with which the Bourgeoisie felled feudalism
to the ground are now turned against itself**
Aseet, joilla porvaristo kaatoi feodalismin maan tasalle, ovat
nyt kääntyneet itseään vastaan
**But not only has the Bourgeoisie forged the weapons that
bring death to itself**
Mutta porvaristo ei ole ainoastaan takonut aseita, jotka tuovat
kuoleman itselleen
**it has also called into existence the men who are to wield
those weapons**
Se on myös synnyttänyt miehet, joiden on määrä käyttää näitä
aseita
**and these men are the modern working class; they are the
proletarians**
ja nämä miehet ovat nykyaikainen työväenluokka; He ovat
proletaareja;
**In proportion as the Bourgeoisie is developed, in the same
proportion is the Proletariat developed**
Sitä mukaa kuin porvaristo kehittyy, samassa suhteessa
kehittyy proletariaatti
the modern working class developed a class of labourers
Nykyaikainen työväenluokka kehitti työläisten luokan
this class of labourers live only so long as they find work
Tämä työläisten luokka elää vain niin kauan kuin he löytävät
työtä
**and they find work only so long as their labour increases
capital**
ja he löytävät työtä vain niin kauan kuin heidän työnsä lisää
pääomaa
**These labourers, who must sell themselves piece-meal, are a
commodity**
Nämä työläiset, joiden on myytävä itsensä pala palalta, ovat
tavaraa
these labourers are like every other article of commerce

Nämä työläiset ovat kuin kaikki muutkin kauppatavarat
and they are consequently exposed to all the vicissitudes of competition
ja näin ollen ne ovat alttiina kaikille kilpailun vaihteluille
they have to weather all the fluctuations of the market
Heidän on kestettävä kaikki markkinoiden vaihtelut
Owing to the extensive use of machinery and to division of labour
Koneiden runsaan käytön ja työnjaon vuoksi
the work of the proletarians has lost all individual character
Proletaarien työ on menettänyt kaiken yksilöllisen luonteensa
and consequently, the work of the proletarians has lost all charm for the workman
Ja sen seurauksena proletaarien työ on menettänyt kaiken viehätysvoimansa työläiselle
He becomes an appendage of the machine, rather than the man he once was
Hänestä tulee koneen jatke eikä mies, joka hän kerran oli
only the most simple, monotonous, and most easily acquired knack is required of him
Häneltä vaaditaan vain yksinkertaisin, yksitoikkoisin ja helpoimmin hankittava taito
Hence, the cost of production of a workman is restricted
Siksi työntekijän tuotantokustannukset ovat rajalliset
it is restricted almost entirely to the means of subsistence that he requires for his maintenance
se rajoittuu lähes yksinomaan toimeentuloon, jota hän tarvitsee elatukseensa
and it is restricted to the means of subsistence that he requires for the propagation of his race
ja se rajoittuu niihin elintarvikkeisiin, joita hän tarvitsee rotunsa levittämiseen
But the price of a commodity, and therefore also of labour, is equal to its cost of production
Mutta tavaran ja siis myös työn hinta on yhtä suuri kuin sen tuotantokustannukset

In proportion, therefore, as the repulsiveness of the work increases, the wage decreases

Samassa suhteessa, kun työn vastenmielisyys kasvaa, palkka laskee

Nay, the repulsiveness of his work increases at an even greater rate

Ei, hänen työnsä vastenmielisyys lisääntyy vielä nopeammin

as the use of machinery and division of labour increases, so does the burden of toil

Kun koneiden käyttö ja työnjako lisääntyvät, lisääntyy myös raadannan taakka

the burden of toil is increased by prolongation of the working hours

Työn taakkaa lisää työajan pidentyminen

more is expected of the labourer in the same time as before

Työmieheltä odotetaan enemmän samassa ajassa kuin ennenkin

and of course the burden of the toil is increased by the speed of the machinery

ja tietysti työn taakkaa lisää koneen nopeus

Modern industry has converted the little workshop of the patriarchal master into the great factory of the industrial capitalist

Nykyaikainen teollisuus on muuttanut patriarkaalisen mestarin pienen työpajan teollisuuskapitalistin suureksi tehtaaksi

Masses of labourers, crowded into the factory, are organised like soldiers

Tehtaaseen tungetut työläisten massat ovat järjestäytyneet kuin sotilaat

As privates of the industrial army they are placed under the command of a perfect hierarchy of officers and sergeants

Teollisuusarmeijan yksityishenkilöinä heidät asetetaan upseerien ja kersanttien täydellisen hierarkian alaisuuteen

they are not only the slaves of the Bourgeoisie class and State

he eivät ole vain porvariston luokan ja valtion orjia
but they are also daily and hourly enslaved by the machine
Mutta kone orjuuttaa heidät myös päivittäin ja tunneittain
**they are enslaved by the over-looker, and, above all, by the
individual Bourgeoisie manufacturer himself**
ne ovat sivustakatsojien orjuuttamia ja ennen kaikkea
yksittäisen porvariston tehtailijan itsensä orjuuttamia
**The more openly this despotism proclaims gain to be its end
and aim, the more petty, the more hateful and the more
embittering it is**
Mitä avoimemmin tämä despotismi julistaa päämääräkseen ja
päämääräkseen voittoa, sitä pikkumaisempaa,
vihamielisempää ja katkerampaa se on
**the more modern industry becomes developed, the lesser are
the differences between the sexes**
Mitä nykyaikaisemmaksi teollisuus kehittyy, sitä pienemmät
ovat sukupuolten väliset erot
**The less the skill and exertion of strength implied in manual
labour, the more is the labour of men superseded by that of
women**
Kuta vähemmän ruumiillisen työn edellyttämää taitoa ja
voimankäyttöä on, sitä enemmän miesten työ syrjäyttää
naisten työn
**Differences of age and sex no longer have any distinctive
social validity for the working class**
Ikä- ja sukupuolieroilla ei ole enää mitään erityistä
yhteiskunnallista merkitystä työväenluokalle
**All are instruments of labour, more or less expensive to use,
according to their age and sex**
Kaikki ovat työvälineitä, jotka ovat enemmän tai vähemmän
kalliita käyttää iän ja sukupuolen mukaan
**as soon as the labourer receives his wages in cash, than he is
set upon by the other portions of the Bourgeoisie**
heti kun työläinen saa palkkansa käteisenä, porvariston muut
osat hyökkäävät hänen kimppuunsa
the landlord, the shopkeeper, the pawnbroker, etc

vuokranantaja, kauppias, panttilainaamo jne

The lower strata of the middle class; the small trades people and shopkeepers

Keskiluokan alemmat kerrokset; Pienkauppiaat ja kauppiaat

the retired tradesmen generally, and the handicraftsmen and peasants

eläkkeellä olevat kauppiaat yleensä ja käsityöläiset ja talonpojat

all these sink gradually into the Proletariat

kaikki nämä vajoavat vähitellen proletariaattiin

partly because their diminutive capital does not suffice for the scale on which Modern Industry is carried on

osittain siksi, että niiden pieni pääoma ei riitä siihen mittakaavaan, jolla nykyaikaista teollisuutta harjoitetaan

and because it is swamped in the competition with the large capitalists

ja koska se on hukkunut kilpailuun suurkapitalistien kanssa

partly because their specialized skill is rendered worthless by the new methods of production

osittain siksi, että uudet tuotantomenetelmät tekevät heidän erikoistaitonsa arvottomiksi

Thus the Proletariat is recruited from all classes of the population

Näin proletariaatti värvätään kaikista väestöluokista

The Proletariat goes through various stages of development

Proletariaatti käy läpi eri kehitysvaiheita

With its birth begins its struggle with the Bourgeoisie

Sen syntymän myötä alkaa taistelu porvariston kanssa

At first the contest is carried on by individual labourers

Aluksi kilpailua jatkavat yksittäiset työläiset

then the contest is carried on by the workpeople of a factory

Sitten kilpailua jatkavat tehtaan työläiset

then the contest is carried on by the operatives of one trade, in one locality

Sitten kilpailua jatkavat yhden ammatin toimijat yhdellä paikkakunnalla

and the contest is then against the individual Bourgeoisie
who directly exploits them

ja silloin kilpailu käydään yksittäistä porvaristoa vastaan, joka
suoraan riistää heitä

They direct their attacks not against the Bourgeoisie
conditions of production

He eivät suuntaa hyökkäyksiään porvariston tuotantoehtoja
vastaan

but they direct their attack against the instruments of
production themselves

Mutta he suuntaavat hyökkäyksensä itse tuotantovälineitä
vastaan

they destroy imported wares that compete with their labour

He tuhoavat tuontitavaroita, jotka kilpailevat heidän
työvoimansa kanssa

they smash to pieces machinery and they set factories ablaze

He murskaavat koneita ja sytyttävät tehtaita tuleen

they seek to restore by force the vanished status of the
workman of the Middle Ages

he pyrkivät väkivalloin palauttamaan keskiajan työläisen
kadonneen aseman

At this stage the labourers still form an incoherent mass
scattered over the whole country

Tässä vaiheessa työläiset muodostavat vielä epäyhtenäisen
joukon, joka on hajallaan koko maassa

and they are broken up by their mutual competition

ja heidän keskinäinen kilpailunsa hajottaa heidät

If anywhere they unite to form more compact bodies, this is
not yet the consequence of their own active union

Jos missä tahansa he yhdistyvät muodostamaan pienempiä
elimiä, tämä ei ole vielä seurausta heidän omasta aktiivisesta
liitostaan

but it is a consequence of the union of the Bourgeoisie, to
attain its own political ends

mutta se on seurausta porvariston liitosta omien poliittisten
päämääriensä saavuttamiseksi

the Bourgeoisie is compelled to set the whole Proletariat in motion
porvariston on pakko panna liikkeelle koko proletariaatti

and moreover, for a time being, the Bourgeoisie is able to do so
ja lisäksi porvaristo voi toistaiseksi tehdä niin

At this stage, therefore, the proletarians do not fight their enemies
Tässä vaiheessa proletaarit eivät siis taistele vihollisiaan vastaan

but instead they are fighting the enemies of their enemies
Mutta sen sijaan he taistelevat vihollistensa vihollisia vastaan

the fight the remnants of absolute monarchy and the landowners
Taistele absoluuttisen monarkian jäänteitä ja maanomistajia vastaan

they fight the non-industrial Bourgeoisie; the petty Bourgeoisie
he taistelevat ei-teollista porvaristoa vastaan; pikkuporvaristo

Thus the whole historical movement is concentrated in the hands of the Bourgeoisie
Näin koko historiallinen liike on keskittynyt porvariston käsiin

every victory so obtained is a victory for the Bourgeoisie
jokainen näin saavutettu voitto on porvariston voitto

But with the development of industry the Proletariat not only increases in number
Mutta teollisuuden kehittyessä proletariaatti ei ainoastaan lisäänny

the Proletariat becomes concentrated in greater masses and its strength grows
Proletariaatti keskittyy suurempiin joukkoihin ja sen voima kasvaa

and the Proletariat feels that strength more and more
ja proletariaatti tuntee tuon voiman yhä enemmän

The various interests and conditions of life within the ranks of the Proletariat are more and more equalised
Erilaiset edut ja elinehdot proletariaatin riveissä ovat yhä enemmän tasaantuneet
they become more in proportion as machinery obliterates all distinctions of labour
Ne tulevat suhteellisemmiksi, kun koneet hävittävät kaikki työn erot
and machinery nearly everywhere reduces wages to the same low level
ja koneet lähes kaikkialla laskevat palkat samalle alhaiselle tasolle
The growing competition among the Bourgeoisie, and the resulting commercial crises, make the wages of the workers ever more fluctuating
Porvariston kasvava kilpailu ja siitä johtuvat kaupalliset kriisit tekevät työläisten palkat yhä vaihtelevammiksi
The unceasing improvement of machinery, ever more rapidly developing, makes their livelihood more and more precarious
Koneiden lakkaamaton parantaminen, joka kehittyy yhä nopeammin, tekee heidän toimeentulostaan yhä epävarmempaa
the collisions between individual workmen and individual Bourgeoisie take more and more the character of collisions between two classes
yksittäisten työläisten ja yksittäisen porvariston väliset yhteentörmäykset saavat yhä enemmän kahden luokan välisten yhteentörmäysten luonteen
Thereupon the workers begin to form combinations (Trades Unions) against the Bourgeoisie
Sen jälkeen työläiset alkavat muodostaa liittoja (ammattiliittoja) porvaristoa vastaan
they club together in order to keep up the rate of wages
He lyöttäytyvät yhteen pitääkseen palkkatason yllä

they found permanent associations in order to make
provision beforehand for these occasional revolts
He perustivat pysyviä yhdistyksiä varautuakseen etukäteen
näihin satunnaisiin kapinoihin;
Here and there the contest breaks out into riots
Siellä täällä kilpailu puhkeaa mellakoihin
Now and then the workers are victorious, but only for a time
Silloin tällöin työläiset voittavat, mutta vain joksikin aikaa
The real fruit of their battles lies, not in the immediate
result, but in the ever-expanding union of the workers
Heidän taistelujensa todellinen hedelmä ei ole välittömässä
tuloksessa, vaan alati laajenevassa työläisten liitossa
This union is helped on by the improved means of
communication that are created by modern industry
Tätä liittoa auttavat nykyaikaisen teollisuuden luomat
parannetut viestintävälineet
modern communication places the workers of different
localities in contact with one another
Nykyaikainen viestintä asettaa eri paikkakuntien työntekijät
kosketuksiin toistensa kanssa
It was just this contact that was needed to centralise the
numerous local struggles into one national struggle between
classes
Juuri tätä yhteyttä tarvittiin keskittämään lukuisat paikalliset
taistelut yhdeksi kansalliseksi luokkien väliseksi taisteluksi
all of these struggles are of the same character, and every
class struggle is a political struggle
Kaikki nämä taistelut ovat luonteeltaan samanlaisia, ja
jokainen luokkataistelu on poliittista taistelua
the burghers of the Middle Ages, with their miserable
highways, required centuries to form their unions
keskiajan porvarit kurjine valtateineen tarvitsivat vuosisatoja
liittojensa muodostamiseen
the modern proletarians, thanks to railways, achieve their
unions within a few years

Nykyiset proletaarit, kiitos rautateiden, saavuttavat liittonsa muutamassa vuodessa

This organisation of the proletarians into a class consequently formed them into a political party

Tämä proletaarien järjestäytyminen luokaksi muovasi heistä poliittisen puolueen

the political class is continually being upset again by the competition between the workers themselves

Poliittinen luokka järkyttyy jatkuvasti työläisten keskinäisestä kilpailusta

But the political class continues to rise up again, stronger, firmer, mightier

Mutta poliittinen luokka jatkaa nousuaan uudelleen, vahvempana, lujempana, mahtavampana

It compels legislative recognition of particular interests of the workers

Se pakottaa tunnustamaan lainsäädännössä työntekijöiden erityiset edut

it does this by taking advantage of the divisions among the Bourgeoisie itself

se tekee sen käyttämällä hyväkseen porvariston välisiä erimielisyyksiä

Thus the ten-hours' bill in England was put into law

Näin Englannissa kymmenen tunnin lakiesitys pantiin lakiin

in many ways the collisions between the classes of the old society further is the course of development of the Proletariat

Vanhan yhteiskunnan luokkien väliset yhteentörmäykset ovat monin tavoin proletariaatin kehityksen kulku

The Bourgeoisie finds itself involved in a constant battle

Porvaristo huomaa olevansa jatkuvassa taistelussa

At first it will find itself involved in a constant battle with the aristocracy

Aluksi se joutuu jatkuvaan taisteluun aristokratian kanssa

later on it will find itself involved in a constant battle with those portions of the Bourgeoisie itself

myöhemmin se huomaa joutuneensa alituiseen taisteluun itse
porvariston noita osia vastaan
**and their interests will have become antagonistic to the
progress of industry**
ja heidän etunsa ovat muuttuneet teollisuuden kehityksen
vastaisiksi
**at all times, their interests will have become antagonistic
with the Bourgeoisie of foreign countries**
heidän etunsa ovat kaikkina aikoina tulleet vihamielisiksi
vieraiden maiden porvariston kanssa
**In all these battles it sees itself compelled to appeal to the
Proletariat, and asks for its help**
Kaikissa näissä taisteluissa se katsoo olevansa pakotettu
vetoamaan proletariaattiin ja pyytää sen apua
**and thus, it will feel compelled to drag it into the political
arena**
Ja siten se tuntee olevansa pakotettu vetämään sen poliittiselle
areenalle
**The Bourgeoisie itself, therefore, supplies the Proletariat
with its own instruments of political and general education**
Porvaristo itse siis hankkii proletariaatille omat poliittisen ja
yleissivistyksen välineensä
**in other words, it furnishes the Proletariat with weapons for
fighting the Bourgeoisie**
toisin sanoen se varustaa proletariaatin aseilla taisteluun
porvaristoa vastaan
**Further, as we have already seen, entire sections of the
ruling classes are precipitated into the Proletariat**
Edelleen, kuten olemme jo nähneet, kokonaisia hallitsevien
luokkien osia syöksytään proletariaattiin
the advance of industry sucks them into the Proletariat
teollisuuden edistyminen imee heidät proletariaattiin
**or, at least, they are threatened in their conditions of
existence**
tai ainakin he ovat uhattuina olemassaolonsa olosuhteissa

These also supply the Proletariat with fresh elements of enlightenment and progress

Nämä tarjoavat proletariaatille myös uusia valistuksen ja edistyksen elementtejä

Finally, in times when the class struggle nears the decisive hour

Lopuksi aikoina, jolloin luokkataistelu lähestyy ratkaisevaa hetkeä

the process of dissolution going on within the ruling class

hallitsevan luokan sisällä käynnissä oleva hajoamisprosessi

in fact, the dissolution going on within the ruling class will be felt within the whole range of society

Itse asiassa hallitsevan luokan sisällä tapahtuva hajoaminen tuntuu koko yhteiskunnan alueella

it will take on such a violent, glaring character, that a small section of the ruling class cuts itself adrift

Se saa niin väkivaltaisen, räikeän luonteen, että pieni osa hallitsevasta luokasta ajaa itsensä tuuliajolle

and that ruling class will join the revolutionary class

ja tämä hallitseva luokka liittyy vallankumoukselliseen luokkaan

the revolutionary class being the class that holds the future in its hands

vallankumouksellinen luokka on luokka, joka pitää tulevaisuutta käsissään

Just as at an earlier period, a section of the nobility went over to the Bourgeoisie

Aivan kuten aikaisemminkin, osa aatelistosta siirtyi porvaristolle

the same way a portion of the Bourgeoisie will go over to the Proletariat

samalla tavalla osa porvaristosta siirtyy proletariaatille

in particular, a portion of the Bourgeoisie will go over to a portion of the Bourgeoisie ideologists

eritoten osa porvaristosta siirtyy osalle porvariston ideologeja

Bourgeoisie ideologists who have raised themselves to the level of comprehending theoretically the historical movement as a whole

Porvariston ideologit, jotka ovat nostaneet itsensä teoreettisesti ymmärtämään koko historiallista liikettä

Of all the classes that stand face to face with the Bourgeoisie today, the Proletariat alone is a really revolutionary class

Kaikista luokista, jotka nykyään ovat kasvokkain porvariston kanssa, proletariaatti yksin on todella vallankumouksellinen luokka

The other classes decay and finally disappear in the face of Modern Industry

Muut luokat rappeutuvat ja lopulta katoavat modernin teollisuuden edessä

the Proletariat is its special and essential product

Proletariaatti on sen erityinen ja välttämätön tuote

The lower middle class, the small manufacturer, the shopkeeper, the artisan, the peasant

Alempi keskiluokka, pientehtailija, kauppias, käsityöläinen, talonpoika

all these fight against the Bourgeoisie

kaikki nämä taistelevat porvaristoa vastaan

they fight as fractions of the middle class to save themselves from extinction

He taistelevat keskiluokan murto-osina pelastaakseen itsensä sukupuutolta

They are therefore not revolutionary, but conservative

Siksi he eivät ole vallankumouksellisia, vaan konservatiivisia

Nay more, they are reactionary, for they try to roll back the wheel of history

Lisäksi he ovat taantumuksellisia, sillä he yrittävät kääntää historian pyörää taaksepäin

If by chance they are revolutionary, they are so only in view of their impending transfer into the Proletariat

Jos he sattumalta ovat vallankumouksellisia, niin he ovat sitä vain lähestyvän proletariaattiin siirtymisensä vuoksi

they thus defend not their present, but their future interests

He eivät siis puolusta nykyisyyttään, vaan tulevia etujaan

they desert their own standpoint to place themselves at that of the Proletariat

he hylkäävät oman näkökantansa asettuakseen proletariaatin kannalle

The "dangerous class," the social scum, that passively rotting mass thrown off by the lowest layers of old society

"Vaarallinen luokka", yhteiskunnallinen saasta, tuo passiivisesti mätänevä massa, jonka vanhan yhteiskunnan alimmat kerrokset heittävät pois

they may, here and there, be swept into the movement by a proletarian revolution

Proletaarinen vallankumous voi siellä täällä pyyhkäistä heidät mukaan liikkeeseen

its conditions of life, however, prepare it far more for the part of a bribed tool of reactionary intrigue

Sen elinehdot valmistavat sitä kuitenkin paljon enemmän taantumuksellisen juonittelun lahjottuun työkaluun

In the conditions of the Proletariat, those of old society at large are already virtually swamped

Proletariaatin oloissa vanhan yhteiskunnan olosuhteet ovat jo käytännöllisesti katsoen hukkua

The proletarian is without property

Proletaari on vailla omaisuutta

his relation to his wife and children has no longer anything in common with the Bourgeoisie's family-relations

hänen suhteellaan vaimoonsa ja lapsiinsa ei ole enää mitään yhteistä porvariston perhesuhteiden kanssa

modern industrial labour, modern subjection to capital, the same in England as in France, in America as in Germany

nykyaikainen teollinen työ, nykyaikainen alistuminen pääomalle, sama Englannissa kuin Ranskassa, Amerikassa kuin Saksassa

his condition in society has stripped him of every trace of national character

Hänen asemansa yhteiskunnassa on riisunut häneltä kaikki
kansallisen luonteen rippeet
**Law, morality, religion, are to him so many Bourgeoisie
prejudices**
Laki, moraali, uskonto ovat hänelle niin monia porvariston
ennakkoluuloja
**and behind these prejudices lurk in ambush just as many
Bourgeoisie interests**
ja näiden ennakkoluulojen takana väijyy väijytyksessä yhtä
monta porvariston intressiä
**All the preceding classes that got the upper hand, sought to
fortify their already acquired status**
Kaikki edelliset luokat, jotka saivat ylemmän käden, pyrkivät
vahvistamaan jo hankittua asemaansa
**they did this by subjecting society at large to their
conditions of appropriation**
He tekivät tämän alistamalla koko yhteiskunnan omimisen
ehdoilleen
**The proletarians cannot become masters of the productive
forces of society**
Proletaareista ei voi tulla yhteiskunnan tuotantovoimien
herroja
**it can only do this by abolishing their own previous mode of
appropriation**
Se voi tehdä tämän vain lakkauttamalla oman aiemman
haltuunottotapansa
**and thereby it also abolishes every other previous mode of
appropriation**
ja siten se poistaa myös kaikki muut aikaisemmat
haltuunottotavat
They have nothing of their own to secure and to fortify
Heillä ei ole mitään omaa turvattavana ja linnoittavana
**their mission is to destroy all previous securities for, and
insurances of, individual property**
Heidän tehtävänään on tuhota kaikki aikaisemmat
yksityisomaisuuden vakuudet ja vakuutukset

All previous historical movements were movements of minorities

Kaikki aiemmat historialliset liikkeet olivat vähemmistöjen liikkeitä

or they were movements in the interests of minorities

tai ne olivat vähemmistöjen etuja ajavia liikkeitä

The proletarian movement is the self-conscious, independent movement of the immense majority

Proletaarinen liike on valtavan enemmistön itsetietoinen, itsenäinen liike

and it is a movement in the interests of the immense majority

Ja se on liike valtavan enemmistön etujen mukaisesti

The Proletariat, the lowest stratum of our present society

Proletariaatti, nykyisen yhteiskuntamme alin kerros

it cannot stir or raise itself up without the whole superincumbent strata of official society being sprung into the air

Se ei voi nousta tai kohota ilman, että virallisen yhteiskunnan kaikki ylemmät kerrokset nousevat ilmaan

Though not in substance, yet in form, the struggle of the Proletariat with the Bourgeoisie is at first a national struggle

Proletariaatin taistelu porvaristoa vastaan on aluksi kansallista taistelua, vaikkakaan ei sisällöltään, mutta kuitenkin muodoltaan

The Proletariat of each country must, of course, first of all settle matters with its own Bourgeoisie

Jokaisen maan proletariaatin on tietenkin ensin selvitettävä asiat oman porvaristonsa kanssa

In depicting the most general phases of the development of the Proletariat, we traced the more or less veiled civil war

Kuvatessamme proletariaatin kehityksen yleisimpiä vaiheita jäljitimme enemmän tai vähemmän verhotun sisällissodan

this civil is raging within existing society

Tämä siviili raivoaa nykyisessä yhteiskunnassa

it will rage up to the point where that war breaks out into open revolution

Se raivoaa siihen pisteeseen asti, että sota puhkeaa avoimeksi vallankumoukseksi

and then the violent overthrow of the Bourgeoisie lays the foundation for the sway of the Proletariat

ja sitten porvariston väkivaltainen kukistaminen luo perustan proletariaatin vallalle

Hitherto, every form of society has been based, as we have already seen, on the antagonism of oppressing and oppressed classes

Tähän asti kaikki yhteiskuntamuodot ovat perustuneet, kuten olemme jo nähneet, sortavien ja sorrettujen luokkien vastakkainasetteluun

But in order to oppress a class, certain conditions must be assured to it

Mutta luokan sortamiseksi sille on taattava tietyt ehdot

the class must be kept under conditions in which it can, at least, continue its slavish existence

Luokka on pidettävä olosuhteissa, joissa se voi ainakin jatkaa orjallista olemassaoloaan

The serf, in the period of serfdom, raised himself to membership in the commune

Maaorja, orjuuden aikana, nosti itsensä kunnan jäseneksi

just as the petty Bourgeoisie, under the yoke of feudal absolutism, managed to develop into a Bourgeoisie

aivan kuten pikkuporvaristo feodaalisen absolutismin ikeen alla onnistui kehittymään porvaristoksi

The modern labourer, on the contrary, instead of rising with the progress of industry, sinks deeper and deeper

Päinvastoin, sen sijaan että moderni työläinen nousisi teollisuuden kehityksen mukana, vajoaa yhä syvemmälle

he sinks below the conditions of existence of his own class

Hän vajoaa oman luokkansa olemassaolon ehtojen alapuolelle

He becomes a pauper, and pauperism develops more rapidly than population and wealth

Hänestä tulee köyhä, ja köyhyys kehittyy nopeammin kuin
väestö ja vauraus
**And here it becomes evident, that the Bourgeoisie is unfit
any longer to be the ruling class in society**
Ja tässä käy ilmeiseksi, että porvaristo ei enää sovellu
yhteiskunnan hallitsevaksi luokaksi
**and it is unfit to impose its conditions of existence upon
society as an over-riding law**
ja on sopimatonta asettaa olemassaolonsa ehtoja
yhteiskunnalle pakottavana lakina
**It is unfit to rule because it is incompetent to assure an
existence to its slave within his slavery**
Se on sopimaton hallitsemaan, koska se on kyvytön
takaamaan orjalleen olemassaolon orjuudessaan
**because it cannot help letting him sink into such a state, that
it has to feed him, instead of being fed by him**
koska se ei voi olla antamatta hänen vajota sellaiseen tilaan,
että sen on ruokittava hänet sen sijaan, että hän ruokkisi häntä
Society can no longer live under this Bourgeoisie
Yhteiskunta ei voi enää elää tämän porvariston alaisuudessa
**in other words, its existence is no longer compatible with
society**
Toisin sanoen sen olemassaolo ei ole enää yhteensopiva
yhteiskunnan kanssa
**The essential condition for the existence, and for the sway of
the Bourgeoisie class, is the formation and augmentation of
capital**
Porvarisluokan olemassaolon ja vallan välttämätön edellytys
on pääoman muodostuminen ja lisääminen
the condition for capital is wage-labour
Pääoman ehtona on palkkatyö
**Wage-labour rests exclusively on competition between the
labourers**
Palkkatyö perustuu yksinomaan työläisten väliseen kilpailuun
**The advance of industry, whose involuntary promoter is the
Bourgeoisie, replaces the isolation of the labourers**

Teollisuuden edistyminen, jonka vastentahtoinen edistäjä on
porvaristo, korvaa työläisten eristyneisyyden
**due to competition, due to their revolutionary combination,
due to association**
johtuen kilpailusta, niiden vallankumouksellisesta
yhdistelmästä, yhdistymisestä johtuen
**The development of Modern Industry cuts from under its
feet the very foundation on which the Bourgeoisie produces
and appropriates products**
Nykyaikaisen teollisuuden kehitys leikkaa jalkojensa alta juuri
sen perustan, jolle porvaristo tuottaa ja anastaa tuotteita
**What the Bourgeoisie produces, above all, is its own grave-
diggers**
Porvaristo tuottaa ennen kaikkea omia haudankaivajiaan
**The fall of the Bourgeoisie and the victory of the Proletariat
are equally inevitable**
Porvariston kukistuminen ja proletariaatin voitto ovat yhtä
väistämättömiä

Proletarians and Communists
Proletaarit ja kommunistit

In what relation do the Communists stand to the proletarians as a whole?
Missä suhteessa kommunistit ovat proletaareihin kokonaisuudessaan?

The Communists do not form a separate party opposed to other working-class parties
Kommunistit eivät muodosta erillistä puoluetta, joka vastaisi muita työväenluokan puolueita

They have no interests separate and apart from those of the proletariat as a whole
Heillä ei ole mitään etuja, jotka olisivat erillisiä ja erillään koko proletariaatin intresseistä

They do not set up any sectarian principles of their own, by which to shape and mould the proletarian movement
He eivät aseta mitään omia lahkolaisia periaatteita, joiden avulla he voisivat muokata ja muokata proletaarista liikettä

The Communists are distinguished from the other working-class parties by only two things
Kommunistit eroavat muista työväenluokan puolueista vain kahdella asialla

Firstly, they point out and bring to the front the common interests of the entire proletariat, independently of all nationality
Ensinnäkin he korostavat ja tuovat etualalle koko proletariaatin yhteiset edut kansallisuudesta riippumatta

this they do in the national struggles of the proletarians of the different countries
Tämän he tekevät eri maiden proletaarien kansallisissa taisteluissa

Secondly, they always and everywhere represent the interests of the movement as a whole
Toiseksi he edustavat aina ja kaikkialla koko liikkeen etuja

this they do in the various stages of development, which the struggle of the working class against the Bourgeoisie has to pass through

tämän he tekevät eri kehitysvaiheissa, jotka työväenluokan taistelun porvaristoa vastaan on käytävä läpi

The Communists, therefore, are on the one hand, practically, the most advanced and resolute section of the working-class parties of every country

Kommunistit ovat siis käytännöllisesti katsoen kaikkien maiden työväenpuolueiden edistynein ja päättäväisin osa

they are that section of the working class which pushes forward all others

He ovat se työväenluokan osa, joka puskee kaikkia muita eteenpäin

theoretically, they also have the advantage of clearly understanding the line of march

Teoreettisesti heillä on myös se etu, että he ymmärtävät selvästi marssilinjan

this they understand better compared the great mass of the proletariat

Tämän he ymmärtävät paremmin verrattuna proletariaatin suuriin joukkoihin

they understand the conditions, and the ultimate general results of the proletarian movement

He ymmärtävät proletaarisen liikkeen ehdot ja lopulliset yleiset tulokset

The immediate aim of the Communist is the same as that of all the other proletarian parties

Kommunistisen puolueen välitön päämäärä on sama kuin kaikkien muidenkin proletaaristen puolueiden

their aim is the formation of the proletariat into a class

Heidän päämääränään on proletariaatin muodostaminen luokaksi

they aim to overthrow the Bourgeoisie supremacy

he pyrkivät kukistamaan porvariston ylivallan

the strive for the conquest of political power by the proletariat

pyrkimys proletariaatin poliittisen vallan valloittamiseen

The theoretical conclusions of the Communists are in no way based on ideas or principles of reformers

Kommunistien teoreettiset johtopäätökset eivät millään tavoin perustu uudistajien ajatuksiin tai periaatteisiin

it wasn't would-be universal reformers that invented or discovered the theoretical conclusions of the Communists

mahdolliset yleismaailmalliset uudistajat eivät keksineet tai löytäneet kommunistien teoreettisia johtopäätöksiä

They merely express, in general terms, actual relations springing from an existing class struggle

Ne vain ilmaisevat yleisesti olemassa olevasta luokkataistelusta kumpuavia todellisia suhteita

and they describe the historical movement going on under our very eyes that have created this class struggle

Ja ne kuvaavat silmiemme alla tapahtuvaa historiallista liikettä, joka on luonut tämän luokkataistelun

The abolition of existing property relations is not at all a distinctive feature of Communism

Olemassa olevien omistussuhteiden poistaminen ei ole lainkaan kommunismin erottuva piirre

All property relations in the past have continually been subject to historical change

Kaikki menneisyyden omistussuhteet ovat jatkuvasti olleet historiallisen muutoksen kohteena

and these changes were consequent upon the change in historical conditions

Ja nämä muutokset johtuivat historiallisten olojen muuttumisesta

The French Revolution, for example, abolished feudal property in favour of Bourgeoisie property

Esimerkiksi Ranskan vallankumous lakkautti feodaalisen omaisuuden porvariston omaisuuden hyväksi

The distinguishing feature of Communism is not the abolition of property, generally

Kommunismin tunnusomainen piirre ei ole omaisuuden lakkauttaminen yleensä

but the distinguishing feature of Communism is the abolition of Bourgeoisie property

mutta kommunismin tunnusomainen piirre on porvariston omaisuuden lakkauttaminen

But modern Bourgeoisie private property is the final and most complete expression of the system of producing and appropriating products

Mutta nykyajan porvariston yksityisomistus on tuotteiden tuotanto- ja omistusjärjestelmän lopullinen ja täydellisin ilmentymä

it is the final state of a system that is based on class antagonisms, where class antagonism is the exploitation of the many by the few

Se on luokkavastakohtaisuuksiin perustuvan järjestelmän lopullinen tila, jossa luokkavastakohtaisuus on harvojen harjoittamaa monien riistoa

In this sense, the theory of the Communists may be summed up in the single sentence; the Abolition of private property

Tässä mielessä kommunistien teoria voidaan tiivistää yhteen lauseeseen; yksityisomistuksen lakkauttaminen

We Communists have been reproached with the desire of abolishing the right of personally acquiring property

Meitä kommunisteja on moitittu halusta poistaa oikeus hankkia omaisuutta henkilökohtaisesti

it is claimed that this property is the fruit of a man's own labour

Väitetään, että tämä omaisuus on ihmisen oman työn tulos

and this property is alleged to be the groundwork of all personal freedom, activity and independence.

Ja tämän omaisuuden väitetään olevan kaiken henkilökohtaisen vapauden, toiminnan ja itsenäisyyden perusta.

"Hard-won, self-acquired, self-earned property!"
"Kovalla työllä hankittu, itse hankittu, itse ansaittu omaisuus!"
Do you mean the property of the petty artisan and of the small peasant?
Tarkoitatteko pikkukäsityöläisten ja pientalonpoikien omaisuutta?
Do you mean a form of property that preceded the Bourgeoisie form?
Tarkoitatko sellaista omaisuuden muotoa, joka edelsi porvariston muotoa?
There is no need to abolish that, the development of industry has to a great extent already destroyed it
Sitä ei tarvitse poistaa, teollisuuden kehitys on jo suurelta osin tuhonnut sen
and development of industry is still destroying it daily
ja teollisuuden kehitys tuhoaa sitä edelleen päivittäin
Or do you mean modern Bourgeoisie private property?
Vai tarkoitatko nykyaikaista porvariston yksityisomaisuutta?
But does wage-labour create any property for the labourer?
Mutta luoko palkkatyö työläiselle mitään omaisuutta?
no, wage labour creates not one bit of this kind of property!
Ei, palkkatyö ei luo tippaakaan tällaista omaisuutta!
what wage labour does create is capital; that kind of property which exploits wage-labour
palkkatyö luo pääomaa; sellainen omaisuus, joka riistää palkkatyötä
capital cannot increase except upon condition of begetting a new supply of wage-labour for fresh exploitation
Pääoma ei voi lisääntyä muutoin kuin sillä ehdolla, että syntyy uusi palkkatyön tarjonta uutta riistoa varten
Property, in its present form, is based on the antagonism of capital and wage-labour
Omaisuus nykyisessä muodossaan perustuu pääoman ja palkkatyön vastakohtaisuuteen
Let us examine both sides of this antagonism

Tarkastelkaamme tämän vastakkainasettelun molempia
puolia
To be a capitalist is to have not only a purely personal status
Kapitalistina oleminen ei tarkoita pelkästään henkilökohtaista
asemaa
**instead, to be a capitalist is also to have a social status in
production**
Sen sijaan kapitalistina oleminen tarkoittaa myös
yhteiskunnallista asemaa tuotannossa
**because capital is a collective product; only by the united
action of many members can it be set in motion**
koska pääoma on kollektiivinen tuote; Se voidaan panna
liikkeelle vain monien jäsenten yhteisellä toiminnalla
**but this united action is a last resort, and actually requires
all members of society**
Mutta tämä yhtenäinen toiminta on viimeinen keino ja vaatii
itse asiassa kaikkia yhteiskunnan jäseniä
**Capital does get converted into the property of all members
of society**
Pääoma muuttuu yhteiskunnan kaikkien jäsenten
omaisuudeksi
**but Capital is, therefore, not a personal power; it is a social
power**
mutta pääoma ei siis ole persoonallinen voima; Se on
sosiaalinen voima
**so when capital is converted into social property, personal
property is not thereby transformed into social property**
Kun pääoma siis muunnetaan yhteiskunnalliseksi
omaisuudeksi, henkilökohtaista omaisuutta ei sillä keinoin
muuteta yhteiskunnalliseksi omaisuudeksi
**It is only the social character of the property that is changed,
and loses its class-character**
Vain omaisuuden sosiaalinen luonne muuttuu ja menettää
luokkaluonteensa
Let us now look at wage-labour
Katsokaamme nyt palkkatyötä

The average price of wage-labour is the minimum wage, i.e., that quantum of the means of subsistence

Palkkatyön keskihinta on minimipalkka, ts. tuo toimeentulovälineiden määrä

this wage is absolutely requisite in bare existence as a labourer

Tämä palkka on ehdoton edellytys pelkälle olemassaololle työläisenä

What, therefore, the wage-labourer appropriates by means of his labour, merely suffices to prolong and reproduce a bare existence

Se, minkä palkkatyöläinen siis anastaa työllään, riittää vain pidentämään ja uusintamaan pelkän olemassaolon

We by no means intend to abolish this personal appropriation of the products of labour

Emme missään nimessä aio lakkauttaa tätä työn tuotteiden henkilökohtaista haltuunottoa

an appropriation that is made for the maintenance and reproduction of human life

määräraha, joka on tehty ihmiselämän ylläpitoon ja uusintamiseen

such personal appropriation of the products of labour leave no surplus wherewith to command the labour of others

Tällainen työn tuotteiden henkilökohtainen haltuunotto ei jätä ylijäämää, jolla hallita muiden työtä;

All that we want to do away with, is the miserable character of this appropriation

Haluamme päästä eroon vain tämän määrärahan surkeasta luonteesta

the appropriation under which the labourer lives merely to increase capital

määräraha, jonka alaisuudessa työläinen elää vain pääoman lisäämiseksi;

he is allowed to live only in so far as the interest of the ruling class requires it

Hän saa elää vain niin kauan kuin hallitsevan luokan etu sitä
vaatii

**In Bourgeoisie society, living labour is but a means to
increase accumulated labour**

Porvarisyhteiskunnassa elävä työ on vain keino lisätä
kasautunutta työtä

**In Communist society, accumulated labour is but a means to
widen, to enrich, to promote the existence of the labourer**

Kommunistisessa yhteiskunnassa kasautunut työ on vain
keino laajentaa, rikastuttaa ja edistää työläisen olemassaoloa

**In Bourgeoisie society, therefore, the past dominates the
present**

Porvarillisessa yhteiskunnassa menneisyys hallitsee siis
nykyisyyttä

in Communist society the present dominates the past

kommunistisessa yhteiskunnassa nykyisyys hallitsee
menneisyyttä

**In Bourgeoisie society capital is independent and has
individuality**

Porvarillisessa yhteiskunnassa pääoma on itsenäistä ja
yksilöllistä

**In Bourgeoisie society the living person is dependent and
has no individuality**

Porvarillisessa yhteiskunnassa elävä ihminen on riippuvainen
eikä hänellä ole yksilöllisyyttä

**And the abolition of this state of things is called by the
Bourgeoisie, abolition of individuality and freedom!**

Ja porvaristo kutsuu tämän asiaintilan lakkauttamista,
yksilöllisyyden ja vapauden lakkauttamista!

**And it is rightly called the abolition of individuality and
freedom!**

Ja sitä kutsutaan oikeutetusti yksilöllisyyden ja vapauden
poistamiseksi!

**Communism aims for the abolition of Bourgeoisie
individuality**

Kommunismi pyrkii hävittämään porvariston yksilöllisyyden

**Communism intends for the abolition of Bourgeoisie
independence**
Kommunismi pyrkii lakkauttamaan porvariston itsenäisyyden
**Bourgeoisie freedom is undoubtedly what communism is
aiming at**
Porvariston vapaus on epäilemättä se, mihin kommunismi
tähtää
**under the present Bourgeoisie conditions of production,
freedom means free trade, free selling and buying**
Porvariston nykyisissä tuotantoehdoissa vapaus merkitsee
vapaata kauppaa, vapaata myyntiä ja ostamista
**But if selling and buying disappears, free selling and buying
also disappears**
Mutta jos myyminen ja ostaminen katoavat, katoaa myös
vapaa myynti ja ostaminen
**"brave words" by the Bourgeoisie about free selling and
buying only have meaning in a limited sense**
Porvariston »rohkeilla sanoilla» vapaasta myynnistä ja
ostamisesta on merkitystä vain rajoitetussa merkityksessä
**these words have meaning only in contrast with restricted
selling and buying**
Näillä sanoilla on merkitystä vain toisin kuin rajoitetulla
myynnillä ja ostamisella
**and these words have meaning only when applied to the
fettered traders of the Middle Ages**
ja näillä sanoilla on merkitystä vain silloin, kun niitä
sovelletaan keskiajan kahlehtineisiin kauppiaisiin
**and that assumes these words even have meaning in a
Bourgeoisie sense**
ja se olettaa, että näillä sanoilla on jopa merkitystä
porvarillisessa mielessä
**but these words have no meaning when they're being used
to oppose the Communistic abolition of buying and selling**
mutta näillä sanoilla ei ole mitään merkitystä, kun niitä
käytetään vastustamaan kommunistista ostamisen ja
myymisen poistamista

the words have no meaning when they're being used to
oppose the Bourgeoisie conditions of production being
abolished
sanoilla ei ole mitään merkitystä, kun niitä käytetään
vastustamaan porvariston tuotantoehtojen lakkauttamista
and they have no meaning when they're being used to
oppose the Bourgeoisie itself being abolished
eikä niillä ole mitään merkitystä, kun niitä käytetään
vastustamaan itse porvariston lakkauttamista
You are horrified at our intending to do away with private
property
Olette kauhuissanne siitä, että aiomme hävittää
yksityisomaisuuden
But in your existing society, private property is already done
away with for nine-tenths of the population
Mutta nykyisessä yhteiskunnassanne yksityisomistus on jo
hävitetty yhdeksältä kymmenesosalta väestöstä
the existence of private property for the few is solely due to
its non-existence in the hands of nine-tenths of the
population
Yksityisomaisuuden olemassaolo harvoille johtuu yksinomaan
siitä, että sitä ei ole yhdeksän kymmenesosan väestöstä käsissä
You reproach us, therefore, with intending to do away with a
form of property
Te moititte meitä siis siitä, että aiomme hävittää eräänlaisen
omaisuuden
but private property necessitates the non-existence of any
property for the immense majority of society
Mutta yksityisomistus tekee välttämättömäksi, ettei
yhteiskunnan suunnattomalle enemmistölle ole mitään
omaisuutta
In one word, you reproach us with intending to do away
with your property
Yhdellä sanalla moititte meitä aikomuksestamme hävittää
omaisuutenne

And it is precisely so; doing away with your Property is just what we intend

Ja juuri niin; Omaisuutesi poistaminen on juuri sitä, mitä aiomme

From the moment when labour can no longer be converted into capital, money, or rent

Siitä hetkestä lähtien, kun työtä ei voida enää muuttaa pääomaksi, rahaksi tai vuokraksi

when labour can no longer be converted into a social power capable of being monopolised

kun työtä ei voida enää muuttaa monopolisoitavaksi yhteiskunnalliseksi mahdiksi

from the moment when individual property can no longer be transformed into Bourgeoisie property

siitä hetkestä lähtien, kun yksityistä omaisuutta ei enää voida muuttaa porvariston omaisuudeksi

from the moment when individual property can no longer be transformed into capital

siitä hetkestä lähtien, kun yksilöllistä omaisuutta ei enää voida muuttaa pääomaksi

from that moment, you say individuality vanishes

Siitä hetkestä lähtien sanot, että yksilöllisyys katoaa

You must, therefore, confess that by "individual" you mean no other person than the Bourgeoisie

Teidän on siis tunnustettava, että »yksilöllä» ei tarkoiteta ketään muuta henkilöä kuin porvaristoa

you must confess it specifically refers to the middle-class owner of property

Sinun on tunnustettava, että se viittaa nimenomaan keskiluokan omaisuuden omistajaan

This person must, indeed, be swept out of the way, and made impossible

Tämä henkilö on todellakin pyyhkäistävä pois tieltä ja tehtävä mahdottomaksi

Communism deprives no man of the power to appropriate the products of society

Kommunismi ei riistä keneltäkään valtaa anastaa
yhteiskunnan tuotteita
**all that Communism does is to deprive him of the power to
subjugate the labour of others by means of such
appropriation**
kommunismi vain riistää häneltä vallan alistaa muiden työ
tällaisen haltuunoton avulla
**It has been objected that upon the abolition of private
property all work will cease**
On vastustettu, että yksityisomistuksen lakkauttamisen
jälkeen kaikki työ lakkaa
**and it is then suggested that universal laziness will overtake
us**
Ja sitten ehdotetaan, että yleinen laiskuus ohittaa meidät
**According to this, Bourgeoisie society ought long ago to
have gone to the dogs through sheer idleness**
Tämän mukaan porvariston yhteiskunnan olisi jo kauan sitten
pitänyt mennä koirille silkan joutilaisuuden kautta
because those of its members who work, acquire nothing
koska ne sen jäsenet, jotka työskentelevät, eivät saa mitään
and those of its members who acquire anything, do not work
ja ne sen jäsenet, jotka hankkivat jotain, eivät toimi
**The whole of this objection is but another expression of the
tautology**
Koko tämä vastaväite on vain yksi tautologian ilmentymä
**there can no longer be any wage-labour when there is no
longer any capital**
Palkkatyötä ei voi enää olla, kun pääomaa ei enää ole
**there is no difference between material products and mental
products**
Aineellisten tuotteiden ja henkisten tuotteiden välillä ei ole
eroa
**communism proposes both of these are produced in the
same way**
Kommunismi ehdottaa, että nämä molemmat tuotetaan
samalla tavalla

but the objections against the Communistic modes of producing these are the same

mutta vastaväitteet kommunistisia tuotantotapoja vastaan ovat samat

to the Bourgeoisie the disappearance of class property is the disappearance of production itself

Porvaristolle luokkaomaisuuden katoaminen merkitsee itse tuotannon katoamista

so the disappearance of class culture is to him identical with the disappearance of all culture

Niinpä luokkakulttuurin katoaminen on hänelle sama asia kuin koko kulttuurin katoaminen

That culture, the loss of which he laments, is for the enormous majority a mere training to act as a machine

Tämä kulttuuri, jonka menetystä hän harmittelee, on valtaosalle pelkkää koulutusta toimimaan koneena

Communists very much intend to abolish the culture of Bourgeoisie property

Kommunistit aikovat kovasti hävittää porvariston omistuskulttuurin

But don't wrangle with us so long as you apply the standard of your Bourgeoisie notions of freedom, culture, law, etc

Mutta älkää kiistelkö kanssamme niin kauan kuin sovellatte porvariston käsityksiä vapaudesta, kulttuurista, laista jne

Your very ideas are but the outgrowth of the conditions of your Bourgeoisie production and Bourgeoisie property

Teidän nimenomaiset ajatuksenne ovat vain porvariston tuotannon ja porvariston omaisuuden ehtojen seurauksia

just as your jurisprudence is but the will of your class made into a law for all

Aivan kuten oikeuskäytäntösi on, mutta luokkasi tahto on tehty laiksi kaikille

the essential character and direction of this will are determined by the economical conditions your social class create

Tämän tahdon olennainen luonne ja suunta määräytyvät
yhteiskuntaluokkanne luomien taloudellisten olosuhteiden
mukaan

**The selfish misconception that induces you to transform
social forms into eternal laws of nature and of reason**

Itsekäs väärinkäsitys, joka saa sinut muuttamaan sosiaaliset
muodot ikuisiksi luonnon- ja järjen laeiksi

**the social forms springing from your present mode of
production and form of property**

yhteiskunnalliset muodot, jotka juontavat juurensa nykyisestä
tuotantotavastanne ja omistusmuodostanne

**historical relations that rise and disappear in the progress of
production**

historialliset suhteet, jotka nousevat ja katoavat tuotannon
kehittyessä

**this misconception you share with every ruling class that has
preceded you**

Tämän väärinkäsityksen jaat jokaisen hallitsevan luokan
kanssa, joka on edeltänyt sinua

**What you see clearly in the case of ancient property, what
you admit in the case of feudal property**

Mitä näette selvästi muinaisen omaisuuden tapauksessa, mitä
myönnätte feodaalisen omaisuuden tapauksessa

**these things you are of course forbidden to admit in the case
of your own Bourgeoisie form of property**

näitä asioita teitä on tietenkin kielletty myöntämästä oman
porvariston omistusmuodon tapauksessa;

**Abolition of the family! Even the most radical flare up at
this infamous proposal of the Communists**

Perheen lakkauttaminen! Jopa radikaaleimmat leimahtavat
tätä kommunistien surullisen kuuluisaa ehdotusta

**On what foundation is the present family, the Bourgeoisie
family, based?**

Mille perustalle nykyinen perhe, porvarisperhe, perustuu?

**the foundation of the present family is based on capital and
private gain**

Nykyisen perheen perusta perustuu pääomaan ja yksityiseen hyötyyn
In its completely developed form this family exists only among the Bourgeoisie
Täysin kehittyneessä muodossaan tämä perhe on olemassa vain porvariston keskuudessa
this state of things finds its complement in the practical absence of the family among the proletarians
Tämä asiaintila saa täydennyksensä, kun proletaarien keskuudessa ei käytännössä ole perhettä
this state of things can be found in public prostitution
Tämä asiaintila löytyy julkisesta prostituutiosta
The Bourgeoisie family will vanish as a matter of course when its complement vanishes
Porvarisperhe katoaa itsestäänselvyytenä, kun sen täydennys katoaa
and both of these will will vanish with the vanishing of capital
Ja nämä molemmat tulevat katoamaan pääoman kadotessa
Do you charge us with wanting to stop the exploitation of children by their parents?
Syytättekö meitä siitä, että haluamme lopettaa vanhempien harjoittaman lasten hyväksikäytön?
To this crime we plead guilty
Tähän rikokseen tunnustamme syyllisyytemme
But, you will say, we destroy the most hallowed of relations, when we replace home education by social education
Mutta te sanotte, me tuhoamme kaikkein pyhimmät suhteet, kun korvaamme kotiopetuksen sosiaalisella kasvatuksella
is your education not also social? And is it not determined by the social conditions under which you educate?
Eikö koulutuksesi ole myös sosiaalista? Ja eikö se määräydy sosiaalisten olojen mukaan, joissa koulutat?
by the intervention, direct or indirect, of society, by means of schools, etc.

yhteiskunnan suoralla tai välillisellä väliintulolla, koulujen kautta jne.

The Communists have not invented the intervention of society in education

Kommunistit eivät ole keksineet yhteiskunnan puuttumista koulutukseen

they do but seek to alter the character of that intervention

Ne pyrkivät vain muuttamaan tämän väliintulon luonnetta

and they seek to rescue education from the influence of the ruling class

ja he pyrkivät pelastamaan koulutuksen hallitsevan luokan vaikutukselta

The Bourgeoisie talk of the hallowed co-relation of parent and child

Porvaristo puhuu vanhemman ja lapsen pyhästä suhteesta

but this clap-trap about the family and education becomes all the more disgusting when we look at Modern Industry

mutta tämä taputusloukku perheestä ja koulutuksesta tulee sitäkin inhottavammaksi, kun katsomme modernia teollisuutta

all family ties among the proletarians are torn asunder by modern industry

Nykyaikainen teollisuus repii rikki kaikki proletaarien väliset perhesiteet

their children are transformed into simple articles of commerce and instruments of labour

Heidän lapsensa muutetaan yksinkertaisiksi kauppatavaroiksi ja työvälineiksi

But you Communists would create a community of women, screams the whole Bourgeoisie in chorus

Mutta te kommunistit loisitte naisten yhteisön, huutaa koko porvaristo kuorossa

The Bourgeoisie sees in his wife a mere instrument of production

Porvaristo näkee vaimossaan pelkän tuotantovälineen

He hears that the instruments of production are to be exploited by all

Hän kuulee, että tuotantovälineitä on käytettävä kaikkien hyväksi

and, naturally, he can come to no other conclusion than that the lot of being common to all will likewise fall to women

Ja luonnollisesti hän ei voi tulla muuhun johtopäätökseen kuin, että kaikille yhteinen osa lankeaa myös naisille

He has not even a suspicion that the real point is to do away with the status of women as mere instruments of production

Hän ei edes epäile, että todellinen tarkoitus on poistaa naisten asema pelkkinä tuotantovälineinä

For the rest, nothing is more ridiculous than the virtuous indignation of our Bourgeoisie at the community of women

Muuten mikään ei ole naurettavampaa kuin porvaristomme hyveellinen suuttumus naisten yhteisöä kohtaan

they pretend it is to be openly and officially established by the Communists

he teeskentelevät, että kommunistit perustavat sen avoimesti ja virallisesti

The Communists have no need to introduce community of women, it has existed almost from time immemorial

Kommunisteilla ei ole tarvetta ottaa käyttöön naisten yhteisöä, se on ollut olemassa melkein ikimuistoisista ajoista lähtien

Our Bourgeoisie are not content with having the wives and daughters of their proletarians at their disposal

Porvaristomme ei tyydy siihen, että heidän proletaariensa vaimot ja tyttäret ovat heidän käytettävissään

they take the greatest pleasure in seducing each other's wives

He nauttivat eniten toistensa vaimojen viettelemisestä

and that is not even to speak of common prostitutes

Puhumattakaan tavallisista prostituoiduista

Bourgeoisie marriage is in reality a system of wives in common

Porvariston avioliitto on todellisuudessa yhteinen
vaimojärjestelmä
**then there is one thing that the Communists might possibly
be reproached with**
sitten on yksi asia, josta kommunisteja voidaan mahdollisesti
moittia
**they desire to introduce an openly legalised community of
women**
He haluavat ottaa käyttöön avoimesti laillistetun naisyhteisön
rather than a hypocritically concealed community of women
tekopyhästi piilotetun naisyhteisön sijaan
**the community of women springing from the system of
production**
Tuotantojärjestelmästä kumpuava naisten yhteisö
**abolish the system of production, and you abolish the
community of women**
Lakkauttakaa tuotantojärjestelmä ja lakkauttakaa naisten
yhteisö
**both public prostitution is abolished, and private
prostitution**
sekä julkinen prostituutio lakkautetaan että yksityinen
prostituutio
**The Communists are further more reproached with desiring
to abolish countries and nationality**
Kommunisteja moititaan vielä enemmän siitä, että he haluavat
lakkauttaa maat ja kansallisuuden
**The working men have no country, so we cannot take from
them what they have not got**
Työläisillä ei ole maata, joten emme voi ottaa heiltä sitä, mitä
heillä ei ole
the proletariat must first of all acquire political supremacy
Proletariaatin on ennen kaikkea saavutettava poliittinen
ylivalta
the proletariat must rise to be the leading class of the nation
Proletariaatin on noustava kansakunnan johtavaksi luokaksi
the proletariat must constitute itself the nation

Proletariaatin on muodostettava itsensä kansakunnaksi
it is, so far, itself national, though not in the Bourgeoisie
sense of the word
se on toistaiseksi itse kansallinen, vaikkakaan ei sanan
porvarillisessa merkityksessä
National differences and antagonisms between peoples are
daily more and more vanishing
Kansalliset erot ja kansojen väliset vastakkainasettelut
häviävät päivä päivältä yhä enemmän
owing to the development of the Bourgeoisie, to freedom of
commerce, to the world-market
porvariston kehityksen, kaupan vapauden ja
maailmanmarkkinoiden vuoksi
to uniformity in the mode of production and in the
conditions of life corresponding thereto
tuotantotavan ja sitä vastaavien elinolosuhteiden
yhdenmukaisuuteen
The supremacy of the proletariat will cause them to vanish
still faster
Proletariaatin ylivalta saa heidät katoamaan yhä nopeammin
United action, of the leading civilised countries at least, is
one of the first conditions for the emancipation of the
proletariat
Ainakin johtavien sivistysmaiden yhteinen toiminta on
proletariaatin vapautumisen ensimmäisiä ehtoja
In proportion as the exploitation of one individual by
another is put an end to, the exploitation of one nation by
another will also be put an end to
Sitä mukaa kuin toisen yksilön harjoittama riisto, loppuu
myös toisen kansakunnan harjoittama riisto.
In proportion as the antagonism between classes within the
nation vanishes, the hostility of one nation to another will
come to an end
Sitä mukaa kuin luokkien välinen vastakkainasettelu
kansakunnan sisällä häviää, loppuu yhden kansakunnan
vihamielisyys toista kansakuntaa kohtaan

The charges against Communism made from a religious, a philosophical, and, generally, from an ideological standpoint, are not deserving of serious examination

Kommunismia vastaan uskonnollisesta, filosofisesta ja yleensä ideologisesta näkökulmasta esitetyt syytökset eivät ansaitse vakavaa tarkastelua

Does it require deep intuition to comprehend that man's ideas, views and conceptions changes with every change in the conditions of his material existence?

Vaatiiko se syvää intuitiota ymmärtääkseen, että ihmisen ajatukset, näkemykset ja käsitykset muuttuvat jokaisen muutoksen myötä hänen aineellisen olemassaolonsa olosuhteissa?

is it not obvious that man's consciousness changes when his social relations and his social life changes?

Eikö ole ilmeistä, että ihmisen tietoisuus muuttuu, kun hänen sosiaaliset suhteensa ja sosiaalinen elämänsä muuttuvat?

What else does the history of ideas prove, than that intellectual production changes its character in proportion as material production is changed?

Mitä muuta aatehistoria todistaa kuin sen, että henkinen tuotanto muuttaa luonnettaan samassa suhteessa kuin aineellinen tuotanto muuttuu?

The ruling ideas of each age have ever been the ideas of its ruling class

Kunkin aikakauden hallitsevat ideat ovat aina olleet sen hallitsevan luokan ideoita

When people speak of ideas that revolutionise society, they do but express one fact

Kun ihmiset puhuvat ajatuksista, jotka mullistavat yhteiskunnan, he ilmaisevat vain yhden tosiasian

within the old society, the elements of a new one have been created

Vanhassa yhteiskunnassa on luotu uuden yhteiskunnan elementit

**and that the dissolution of the old ideas keeps even pace
with the dissolution of the old conditions of existence**

ja että vanhojen ideoiden hajoaminen pysyy samassa tahdissa
vanhojen olemassaolon ehtojen hajoamisen kanssa

**When the ancient world was in its last throes, the ancient
religions were overcome by Christianity**

Kun muinainen maailma oli viimeisissä tuskissaan,
kristinusko voitti muinaiset uskonnot

**When Christian ideas succumbed in the 18th century to
rationalist ideas, feudal society fought its death battle with
the then revolutionary Bourgeoisie**

Kun kristilliset aatteet antautuivat 1800-luvulla rationalistisille
ajatuksille, feodaalinen yhteiskunta taisteli
kuolemantaistelunsa silloista vallankumouksellista
porvaristoa vastaan

**The ideas of religious liberty and freedom of conscience
merely gave expression to the sway of free competition
within the domain of knowledge**

Uskonnonvapauden ja omantunnonvapauden ajatukset vain
ilmaisivat vapaan kilpailun vallan tiedon alalla

**"Undoubtedly," it will be said, "religious, moral,
philosophical and juridical ideas have been modified in the
course of historical development"**

"Epäilemättä", sanotaan, "uskonnolliset, moraaliset, filosofiset
ja oikeudelliset ajatukset ovat muuttuneet historiallisen
kehityksen aikana"

**"But religion, morality philosophy, political science, and
law, constantly survived this change"**

"Mutta uskonto, moraalifilosofia, valtio-oppi ja laki selvisivät
jatkuvasti tästä muutoksesta."

"There are also eternal truths, such as Freedom, Justice, etc"

"On myös iankaikkisia totuuksia, kuten vapaus,
oikeudenmukaisuus jne."

"these eternal truths are common to all states of society"

"Nämä ikuiset totuudet ovat yhteisiä kaikille yhteiskunnan
tiloille"

"But Communism abolishes eternal truths, it abolishes all religion, and all morality"

"Mutta kommunismi poistaa ikuiset totuudet, se hävittää kaiken uskonnon ja kaiken moraalin."

"it does this instead of constituting them on a new basis"

"Se tekee tämän sen sijaan, että muodostaisi ne uudelta pohjalta"

"it therefore acts in contradiction to all past historical experience"

"Siksi se toimii ristiriidassa kaiken aikaisemman historiallisen kokemuksen kanssa"

What does this accusation reduce itself to?

Mihin tämä syytös pelkistyy?

The history of all past society has consisted in the development of class antagonisms

Koko menneen yhteiskunnan historia on koostunut luokkavastakohtien kehittymisestä

antagonisms that assumed different forms at different epochs

antagonismit, jotka saivat erilaisia muotoja eri aikakausina

But whatever form they may have taken, one fact is common to all past ages

Mutta minkä muodon ne ovatkin saaneet, yksi tosiasia on yhteinen kaikille menneille aikakausille

the exploitation of one part of society by the other

yhteiskunnan yhden osan hyväksikäyttö toisen toimesta

No wonder, then, that the social consciousness of past ages moves within certain common forms, or general ideas

Ei siis ihme, että menneiden aikojen sosiaalinen tietoisuus liikkuu tiettyjen yhteisten muotojen tai yleisten ideoiden sisällä

(and that is despite all the multiplicity and variety it displays)

(ja tämä on huolimatta kaikesta sen moninaisuudesta ja monipuolisuudesta)

**and these cannot completely vanish except with the total
disappearance of class antagonisms**

Eivätkä ne voi kokonaan hävitä, paitsi
luokkavastakohtaisuuksien täydelliseen häviämiseen

**The Communist revolution is the most radical rupture with
traditional property relations**

Kommunistinen vallankumous on radikaalein repeämä
perinteisissä omistussuhteissa

**no wonder that its development involves the most radical
rupture with traditional ideas**

Ei ihme, että sen kehittämiseen liittyy radikaalein repeämä
perinteisten ideoiden kanssa

**But let us have done with the Bourgeoisie objections to
Communism**

Mutta lopettakaamme porvariston vastustus kommunismia
vastaan

**We have seen above the first step in the revolution by the
working class**

Olemme edellä nähneet työväenluokan vallankumouksen
ensimmäisen askeleen

**proletariat has to be raised to the position of ruling, to win
the battle of democracy**

Proletariaatti on nostettava hallitsevaan asemaan,
demokratian taistelun voittamiseksi

**The proletariat will use its political supremacy to wrest, by
degrees, all capital from the Bourgeoisie**

Proletariaatti käyttää poliittista ylivaltaansa riistääkseen
asteittain kaiken pääoman porvaristolta

**it will centralise all instruments of production in the hands
of the State**

se keskittää kaikki tuotantovälineet valtion käsiin

in other words, the proletariat organised as the ruling class

Toisin sanoen proletariaatti järjestäytyi hallitsevaksi luokaksi

**and it will increase the total of productive forces as rapidly
as possible**

ja se lisää tuotantovoimien kokonaismäärää mahdollisimman nopeasti

Of course, in the beginning, this cannot be effected except by means of despotic inroads on the rights of property

Alussa tämä ei tietenkään voi tapahtua muuten kuin despoottisilla tunkeutumisilla omistusoikeuksiin

and it has to be achieved on the conditions of Bourgeoisie production

ja se on saavutettava porvariston tuotannon ehdoilla

it is achieved by means of measures, therefore, which appear economically insufficient and untenable

Se saavutetaan siis toimenpiteillä, jotka vaikuttavat taloudellisesti riittämättömiltä ja kestämättömiltä

but these means, in the course of the movement, outstrip themselves

Mutta nämä keinot ylittävät liikkeen aikana itsensä

they necessitate further inroads upon the old social order

Ne vaativat lisää tunkeutumista vanhaan yhteiskuntajärjestykseen

and they are unavoidable as a means of entirely revolutionising the mode of production

ja ne ovat väistämättömiä keinona mullistaa täysin tuotantotapa

These measures will of course be different in different countries

Nämä toimenpiteet ovat tietenkin erilaisia eri maissa

Nevertheless in the most advanced countries, the following will be pretty generally applicable

Edistyneimmissä maissa seuraavat ovat kuitenkin melko yleisesti sovellettavissa

1. Abolition of property in land and application of all rents of land to public purposes.

1. Maaomaisuuden lakkauttaminen ja kaikkien maanvuokrien soveltaminen julkisiin tarkoituksiin.

2. A heavy progressive or graduated income tax.

2. Raskas progressiivinen tai asteittainen tulovero.

3. Abolition of all right of inheritance.

3. Kaikkien perintöoikeuksien poistaminen.

4. Confiscation of the property of all emigrants and rebels.

4. Kaikkien siirtolaisten ja kapinallisten omaisuuden takavarikointi.

5. Centralisation of credit in the hands of the State, by means of a national bank with State capital and an exclusive monopoly.

5. Luottojen keskittäminen valtiolle sellaisen kansallisen pankin kautta, jolla on valtion pääomaa ja yksinomainen monopoli.

6. Centralisation of the means of communication and transport in the hands of the State.

6. Viestintä- ja kuljetusvälineiden keskittäminen valtion käsiin.

7. Extension of factories and instruments of production owned by the State

7. Valtion omistamien tehtaiden ja tuotantovälineiden laajentaminen

the bringing into cultivation of waste-lands, and the improvement of the soil generally in accordance with a common plan.

joutomaiden viljelyyn ottaminen ja maaperän parantaminen yleensä yhteisen suunnitelman mukaisesti.

8. Equal liability of all to labour

8. Kaikkien yhtäläinen vastuu työstä

Establishment of industrial armies, especially for agriculture.

Teollisuusarmeijoiden perustaminen, erityisesti maataloutta varten.

9. Combination of agriculture with manufacturing industries

9. Maatalouden ja tehdasteollisuuden yhdistäminen

gradual abolition of the distinction between town and country, by a more equable distribution of the population over the country.

kaupungin ja maaseudun välisen eron asteittainen poistaminen jakamalla väestö tasaisemmin koko maassa.

10. Free education for all children in public schools.
10. Ilmainen koulutus kaikille lapsille julkisissa kouluissa.

Abolition of children's factory labour in its present form
Lasten tehdastyön lakkauttaminen nykyisessä muodossaan
Combination of education with industrial production
Koulutuksen ja teollisuustuotannon yhdistäminen
When, in the course of development, class distinctions have disappeared
Kun luokkaerot ovat kehityksen kuluessa kadonneet
and when all production has been concentrated in the hands of a vast association of the whole nation
ja kun kaikki tuotanto on keskitetty koko kansakunnan laajan yhteenliittymän käsiin
then the public power will lose its political character
Silloin julkinen valta menettää poliittisen luonteensa
Political power, properly so called, is merely the organised power of one class for oppressing another
Poliittinen valta, oikein niin kutsuttuna, on vain yhden luokan järjestäytynyttä valtaa toisen sortamiseksi
If the proletariat during its contest with the Bourgeoisie is compelled, by the force of circumstances, to organise itself as a class
Jos proletariaatti porvariston kanssa käymässään taistelussa joutuu olosuhteiden pakosta järjestäytymään luokaksi
if, by means of a revolution, it makes itself the ruling class
jos se vallankumouksen avulla tekee itsestään hallitsevan luokan
and, as such, it sweeps away by force the old conditions of production
ja sellaisena se pyyhkäisee väkisin pois vanhat tuotantoehdot
then it will, along with these conditions, have swept away the conditions for the existence of class antagonisms and of classes generally
Silloin se yhdessä näiden ehtojen kanssa on pyyhkäissyt pois luokkavastakohtien ja yleensä luokkien olemassaolon edellytykset

and will thereby have abolished its own supremacy as a class.

ja on siten poistanut oman ylivaltansa luokkana.

In place of the old Bourgeoisie society, with its classes and class antagonisms, we shall have an association

Vanhan porvarisyhteiskunnan luokkaineen ja luokkavastakohtaisuuksineen sijasta meillä tulee olemaan yhdistys

an association in which the free development of each is the condition for the free development of all

yhdistys, jossa jokaisen vapaa kehitys on kaikkien vapaan kehityksen edellytys

1) Reactionary Socialism
1) Taantumuksellinen sosialismi

a) Feudal Socialism
a) Feodaalinen sosialismi

the aristocracies of France and England had a unique historical position
Ranskan ja Englannin aristokratioilla oli ainutlaatuinen historiallinen asema
it became their vocation to write pamphlets against modern Bourgeoisie society
Heidän kutsumuksekseen tuli kirjoittaa pamfletteja modernia porvarisyhteiskuntaa vastaan
In the French revolution of July 1830, and in the English reform agitation
Ranskan vallankumouksessa heinäkuussa 1830 ja Englannin uudistusagitaatiossa
these aristocracies again succumbed to the hateful upstart
Nämä aristokratiat antautuivat jälleen vihamieliselle nousulle
Thenceforth, a serious political contest was altogether out of the question
Siitä lähtien vakava poliittinen kilpailu ei tullut kysymykseenkään
All that remained possible was literary battle, not an actual battle
Ainoa, mikä jäi mahdolliseksi, oli kirjallinen taistelu, ei varsinainen taistelu
But even in the domain of literature the old cries of the restoration period had become impossible
Mutta jopa kirjallisuuden alalla restaurointiajan vanhat huudot olivat käyneet mahdottomiksi
In order to arouse sympathy, the aristocracy were obliged to lose sight, apparently, of their own interests
Myötätunnon herättämiseksi aristokratian oli pakko unohtaa ilmeisesti omat etunsa

and they were obliged to formulate their indictment against the Bourgeoisie in the interest of the exploited working class

ja heidän oli pakko muotoilla syytteensä porvaristoa vastaan riistetyn työväenluokan edun nimissä

Thus the aristocracy took their revenge by singing lampoons on their new master

Niinpä aristokratia kosti laulamalla lamppuja uudelle mestarilleen

and they took their revenge by whispering in his ears sinister prophecies of coming catastrophe

ja he kostautuivat kuiskaamalla hänen korviinsa synkkiä profetioita tulevasta katastrofista

In this way arose Feudal Socialism: half lamentation, half lampoon

Tällä tavoin syntyi feodaalinen sosialismi: puoliksi valitusta, puoliksi halveksimista

it rung as half echo of the past, and projected half menace of the future

Se soi puoliksi kaikuna menneisyydestä ja projisoi puoliksi tulevaisuuden uhkaa

at times, by its bitter, witty and incisive criticism, it struck the Bourgeoisie to the very heart's core

katkeralla, nokkelalla ja terävällä kritiikillään se iski toisinaan porvaristoon sydäntä myöten

but it was always ludicrous in its effect, through total incapacity to comprehend the march of modern history

Mutta sen vaikutus oli aina naurettava, koska se oli täysin kykenemätön ymmärtämään modernin historian kulkua

The aristocracy, in order to rally the people to them, waved the proletarian alms-bag in front for a banner

Aristokratia, saadakseen ihmiset heidän luokseen, heilutti proletaarista almupussia edessä banneria varten

But the people, so often as it joined them, saw on their hindquarters the old feudal coats of arms

Mutta kansa, niin usein kuin se liittyi heihin, näki takaneljänneksissään vanhat feodaaliset vaakunat and they deserted with loud and irreverent laughter

ja he poistuivat paikalta äänekkäällä ja epäkunnioittavalla naurulla

One section of the French Legitimists and "Young England" exhibited this spectacle

Yksi osa ranskalaisista legitimisteistä ja "nuoresta Englannista" esitteli tämän spektaakkelin

the feudalists pointed out that their mode of exploitation was different to that of the Bourgeoisie

feodalistit huomauttivat, että heidän riistotapansa oli erilainen kuin porvariston

the feudalists forget that they exploited under circumstances and conditions that were quite different

Feodalistit unohtavat, että he käyttivät hyväkseen aivan toisenlaisissa olosuhteissa ja olosuhteissa

and they didn't notice such methods of exploitation are now antiquated

Ja he eivät huomanneet, että tällaiset hyväksikäyttömenetelmät ovat nyt vanhentuneita

they showed that, under their rule, the modern proletariat never existed

He osoittivat, että heidän hallintonsa aikana modernia proletariaattia ei koskaan ollut olemassa

but they forget that the modern Bourgeoisie is the necessary offspring of their own form of society

mutta he unohtavat, että nykyaikainen porvaristo on heidän oman yhteiskuntamuotonsa välttämätön jälkeläinen

For the rest, they hardly conceal the reactionary character of their criticism

Muilta osin he tuskin peittelevät kritiikkinsä taantumuksellista luonnetta

their chief accusation against the Bourgeoisie amounts to the following

heidän pääsyytöksensä porvaristoa vastaan on seuraava:

under the Bourgeoisie regime a social class is being developed

Porvariston hallinnon aikana kehitetään yhteiskuntaluokkaa

this social class is destined to cut up root and branch the old order of society

Tämän yhteiskuntaluokan kohtalona on katkaista ja haaroittaa vanha yhteiskuntajärjestys

What they upbraid the Bourgeoisie with is not so much that it creates a proletariat

Se, millä he kasvattavat porvaristoa, ei ole niinkään se, että se luo proletariaatin

what they upbraid the Bourgeoisie with is moreso that it creates a revolutionary proletariat

se, millä he kasvattavat porvaristoa, on enemmänkin se, että se luo vallankumouksellisen proletariaatin

In political practice, therefore, they join in all coercive measures against the working class

Poliittisessa käytännössä he siis osallistuvat kaikkiin työväenluokan vastaisiin pakkokeinoihin

and in ordinary life, despite their highfalutin phrases, they stoop to pick up the golden apples dropped from the tree of industry

Ja tavallisessa elämässä, huolimatta korkeatasoisista lauseistaan, he kumartuvat poimimaan teollisuuden puusta pudonneet kultaiset omenat

and they barter truth, love, and honour for commerce in wool, beetroot-sugar, and potato spirits

ja he vaihtavat totuutta, rakkautta ja kunniaa villan, punajuurisokerin ja perunan väkevien alkoholijuomien kauppaan

As the parson has ever gone hand in hand with the landlord, so has Clerical Socialism with Feudal Socialism

Niin kuin pappila on aina kulkenut käsi kädessä tilanherran kanssa, niin on pappissosialismi kulkenut käsi kädessä feodaalisen sosialismin kanssa

Nothing is easier than to give Christian asceticism a Socialist tinge

Mikään ei ole helpompaa kuin antaa kristilliselle askeesille
sosialistinen sävy

**Has not Christianity declaimed against private property,
against marriage, against the State?**

Eikö kristinusko ole julistanut yksityisomaisuutta, avioliittoa
ja valtiota vastaan?

**Has Christianity not preached in the place of these, charity
and poverty?**

Eikö kristinusko ole saarnannut näiden sijasta,
hyväntekeväisyydestä ja köyhyydestä?

**Does Christianity not preach celibacy and mortification of
the flesh, monastic life and Mother Church?**

Eikö kristinusko saarnaa selibaatista ja lihan kuolettamisesta,
luostarielämästä ja äitikirkosta?

**Christian Socialism is but the holy water with which the
priest consecrates the heart-burnings of the aristocrat**

Kristillinen sosialismi on vain pyhää vettä, jolla pappi pyhittää
aristokraatin sydämen polttamisen

b) Petty-Bourgeois Socialism
b) Pikkuporvarillinen sosialismi

The feudal aristocracy was not the only class that was ruined by the Bourgeoisie
Feodaalinen aristokratia ei ollut ainoa luokka, jonka porvaristo tuhosi
it was not the only class whose conditions of existence pined and perished in the atmosphere of modern Bourgeoisie society
se ei ollut ainoa luokka, jonka olemassaolon ehdot peittyivät ja tuhoutuivat nykyaikaisen porvariston yhteiskunnan ilmapiirissä
The medieval burgesses and the small peasant proprietors were the precursors of the modern Bourgeoisie
Keskiaikaiset porvarit ja pientalonpoikaisomistajat olivat modernin porvariston edeltäjiä
In those countries which are but little developed, industrially and commercially, these two classes still vegetate side by side
Niissä maissa, jotka ovat teollisesti ja kaupallisesti vain vähän kehittyneitä, nämä kaksi luokkaa kasvavat edelleen rinnakkain
and in the meantime the Bourgeoisie rise up next to them: industrially, commercially, and politically
ja sillä välin porvaristo nousee heidän viereensä: teollisesti, kaupallisesti ja poliittisesti
In countries where modern civilisation has become fully developed, a new class of petty Bourgeoisie has been formed
Maissa, joissa nykyaikainen sivilisaatio on täysin kehittynyt, on muodostunut uusi pikkuporvariston luokka
this new social class fluctuates between proletariat and Bourgeoisie
tämä uusi yhteiskuntaluokka vaihtelee proletariaatin ja porvariston välillä

and it is ever renewing itself as a supplementary part of Bourgeoisie society

ja se uudistuu alati porvariston yhteiskunnan täydentävänä osana

The individual members of this class, however, are being constantly hurled down into the proletariat

Tämän luokan yksittäisiä jäseniä heitetään kuitenkin alituiseen proletariaattiin

they are sucked up by the proletariat through the action of competition

Proletariaatti imee heidät itseensä kilpailun vaikutuksesta

as modern industry develops they even see the moment approaching when they will completely disappear as an independent section of modern society

Nykyaikaisen teollisuuden kehittyessä he näkevät jopa lähestyvän hetken, jolloin he katoavat kokonaan itsenäisenä osana modernia yhteiskuntaa

they will be replaced, in manufactures, agriculture and commerce, by overlookers, bailiffs and shopmen

Ne korvataan teollisuudessa, maataloudessa ja kaupassa sivustakatsojilla, haastemiehillä ja kauppiailla

In countries like France, where the peasants constitute far more than half of the population

Ranskan kaltaisissa maissa, joissa talonpojat muodostavat paljon yli puolet väestöstä

it was natural that there there are writers who sided with the proletariat against the Bourgeoisie

Oli luonnollista, että siellä oli kirjailijoita, jotka asettuivat proletariaatin puolelle porvaristoa vastaan

in their criticism of the Bourgeoisie regime they used the standard of the peasant and petty Bourgeoisie

arvostellessaan porvariston järjestelmää he käyttivät talonpoikais- ja pikkuporvariston mittapuuta

and from the standpoint of these intermediate classes they take up the cudgels for the working class

Ja näiden väliluokkien näkökulmasta katsottuna he ottavat
kädenojennuksen työväenluokalle
**Thus arose petty-Bourgeoisie Socialism, of which Sismondi
was the head of this school, not only in France but also in
England**
Näin syntyi pikkuporvarissosialismi, jonka johtaja Sismondi
oli, ei vain Ranskassa vaan myös Englannissa
**This school of Socialism dissected with great acuteness the
contradictions in the conditions of modern production**
Tämä sosialismin koulukunta eritteli hyvin terävästi
nykyaikaisen tuotannon ehtojen ristiriidat
**This school laid bare the hypocritical apologies of
economists**
Tämä koulukunta paljasti taloustieteilijöiden tekopyhät
anteeksipyynnöt
**This school proved, incontrovertibly, the disastrous effects
of machinery and division of labour**
Tämä koulukunta todisti kiistattomasti koneiden ja työnjaon
tuhoisat vaikutukset
**it proved the concentration of capital and land in a few
hands**
Se osoitti pääoman ja maan keskittymisen muutamiin käsiin
it proved how overproduction leads to Bourgeoisie crises
se osoitti, kuinka ylituotanto johtaa porvariston kriiseihin
**it pointed out the inevitable ruin of the petty Bourgeoisie
and peasant**
se osoitti pikkuporvariston ja talonpojan väistämättömän
tuhon
**the misery of the proletariat, the anarchy in production, the
crying inequalities in the distribution of wealth**
proletariaatin kurjuus, tuotannon anarkia, huutava epätasa-
arvo vaurauden jakautumisessa
**it showed how the system of production leads the industrial
war of extermination between nations**
Se osoitti, kuinka tuotantojärjestelmä johtaa kansakuntien
välistä teollista tuhoamissotaa

the dissolution of old moral bonds, of the old family relations, of the old nationalities
vanhojen moraalisten siteiden, vanhojen perhesuhteiden, vanhojen kansallisuuksien hajoaminen
In its positive aims, however, this form of Socialism aspires to achieve one of two things
Myönteisissä tavoitteissaan tämä sosialismin muoto pyrkii kuitenkin saavuttamaan jommankumman kahdesta asiasta
either it aims to restore the old means of production and of exchange
Joko sen tavoitteena on palauttaa vanhat tuotanto- ja vaihtovälineet
and with the old means of production it would restore the old property relations, and the old society
ja vanhoilla tuotantovälineillä se palauttaisi vanhat omistussuhteet ja vanhan yhteiskunnan
or it aims to cramp the modern means of production and exchange into the old framework of the property relations
tai se pyrkii ahtamaan nykyaikaiset tuotanto- ja vaihtovälineet omistussuhteiden vanhaan kehykseen
In either case, it is both reactionary and Utopian
Kummassakin tapauksessa se on sekä taantumuksellinen että utopistinen
Its last words are: corporate guilds for manufacture, patriarchal relations in agriculture
Sen viimeiset sanat ovat: yrityskillat valmistukseen, patriarkaaliset suhteet maataloudessa
Ultimately, when stubborn historical facts had dispersed all intoxicating effects of self-deception
Lopulta, kun itsepäiset historialliset tosiasiat olivat hajottaneet kaikki itsepetoksen huumaavat vaikutukset
this form of Socialism ended in a miserable fit of pity
tämä sosialismin muoto päättyi surkeaan sääliin

c) German, or "True," Socialism
c) Saksalainen eli "todellinen" sosialismi

The Socialist and Communist literature of France originated under the pressure of a Bourgeoisie in power
Ranskan sosialistinen ja kommunistinen kirjallisuus syntyi vallassa olevan porvariston painostuksesta
and this literature was the expression of the struggle against this power
Ja tämä kirjallisuus oli ilmaus taistelusta tätä valtaa vastaan
it was introduced into Germany at a time when the Bourgeoisie had just begun its contest with feudal absolutism
se tuotiin Saksaan aikana, jolloin porvaristo oli juuri aloittanut taistelunsa feodaalisen absolutismin kanssa
German philosophers, would-be philosophers, and beaux esprits, eagerly seized on this literature
Saksalaiset filosofit, mahdolliset filosofit ja beaux espritit tarttuivat innokkaasti tähän kirjallisuuteen
but they forgot that the writings immigrated from France into Germany without bringing the French social conditions along
mutta he unohtivat, että kirjoitukset muuttivat Ranskasta Saksaan tuomatta mukanaan Ranskan yhteiskunnallisia oloja
In contact with German social conditions, this French literature lost all its immediate practical significance
Saksan yhteiskunnallisten olojen yhteydessä tämä ranskalainen kirjallisuus menetti kaiken välittömän käytännön merkityksensä
and the Communist literature of France assumed a purely literary aspect in German academic circles
ja Ranskan kommunistinen kirjallisuus sai puhtaasti kirjallisen näkökulman Saksan akateemisissa piireissä
Thus, the demands of the first French Revolution were nothing more than the demands of "Practical Reason"

Näin ollen Ranskan ensimmäisen vallankumouksen
vaatimukset eivät olleet mitään muuta kuin »käytännöllisen
järjen» vaatimuksia
**and the utterance of the will of the revolutionary French
Bourgeoisie signified in their eyes the law of pure Will**
ja Ranskan vallankumouksellisen porvariston tahdon
julkilausunta merkitsi heidän silmissään puhtaan tahdon lakia
**it signified Will as it was bound to be; of true human Will
generally**
se merkitsi tahtoa sellaisena kuin sen oli pakko olla;
todellisesta ihmisen tahdosta yleensä
**The world of the German literati consisted solely in
bringing the new French ideas into harmony with their
ancient philosophical conscience**
Saksalaisen kirjallisuuden maailma koostui yksinomaan
uusien ranskalaisten ideoiden saattamisesta sopusointuun
muinaisen filosofisen omantuntonsa kanssa
**or rather, they annexed the French ideas without deserting
their own philosophic point of view**
tai pikemminkin he liittivät ranskalaiset ajatukset hylkäämättä
omaa filosofista näkökulmaansa
**This annexation took place in the same way in which a
foreign language is appropriated, namely, by translation**
Tämä liittäminen tapahtui samalla tavalla kuin vieras kieli
omistetaan, nimittäin kääntämällä
**It is well known how the monks wrote silly lives of Catholic
Saints over manuscripts**
On tunnettua, kuinka munkit kirjoittivat katolisten pyhien
typerää elämää käsikirjoitusten päälle
**the manuscripts on which the classical works of ancient
heathendom had been written**
käsikirjoitukset, joihin muinaisen pakanuuden klassiset
teokset oli kirjoitettu
**The German literati reversed this process with the profane
French literature**

Saksalainen kirjallisuus käänsi tämän prosessin
päinvastaiseksi rienaavalla ranskalaisella kirjallisuudella

**They wrote their philosophical nonsense beneath the French
original**

He kirjoittivat filosofisen hölynpölynsä ranskalaisen
alkuperäiskappaleen alle

**For instance, beneath the French criticism of the economic
functions of money, they wrote "Alienation of Humanity"**

Esimerkiksi ranskalaisen kritiikin rahan taloudellisista
funktioista alle he kirjoittivat "Ihmiskunnan vieraantuminen"

**beneath the French criticism of the Bourgeoisie State they
wrote "dethronement of the Category of the General"**

Ranskan porvarisvaltioon kohdistaman kritiikin alle he
kirjoittivat "kenraalin kategorian valtaistuimelta syökseminen"

**The introduction of these philosophical phrases at the back
of the French historical criticisms they dubbed:**

Näiden filosofisten lauseiden esittely ranskalaisen
historiallisen kritiikin takana, jota he kutsuivat:

**"Philosophy of Action," "True Socialism," "German Science
of Socialism," "Philosophical Foundation of Socialism," and
so on**

»Toimintafilosofia», »todellinen sosialismi», »saksalainen
sosialismin tiede», »sosialismin filosofinen perusta» jne.

**The French Socialist and Communist literature was thus
completely emasculated**

Ranskan sosialistinen ja kommunistinen kirjallisuus oli siten
täysin turmeltunut

**in the hands of the German philosophers it ceased to express
the struggle of one class with the other**

saksalaisten filosofien käsissä se lakkasi ilmaisemasta yhden
luokan taistelua toisen kanssa

**and so the German philosophers felt conscious of having
overcome "French one-sidedness"**

ja niin saksalaiset filosofit tunsivat olevansa tietoisia siitä, että
he olivat voittaneet "ranskalaisen yksipuolisuuden"

it did not have to represent true requirements, rather, it represented requirements of truth
Sen ei tarvinnut edustaa todellisia vaatimuksia, pikemminkin se edusti totuuden vaatimuksia

there was no interest in the proletariat, rather, there was interest in Human Nature
proletariaatti ei ollut kiinnostunut, vaan ihmisluonto oli kiinnostunut

the interest was in Man in general, who belongs to no class, and has no reality
kiinnostus kohdistui ihmiseen yleensä, joka ei kuulu mihinkään luokkaan ja jolla ei ole todellisuutta

a man who exists only in the misty realm of philosophical fantasy
Mies, joka on olemassa vain filosofisen fantasian sumuisessa valtakunnassa

but eventually this schoolboy German Socialism also lost its pedantic innocence
mutta lopulta tämä koulupoika saksalainen sosialismi menetti myös pedanttisen viattomuutensa

the German Bourgeoisie, and especially the Prussian Bourgeoisie fought against feudal aristocracy
Saksan porvaristo ja erityisesti Preussin porvaristo taistelivat feodaalista aristokratiaa vastaan

the absolute monarchy of Germany and Prussia was also being faught against
Saksan ja Preussin absoluuttista monarkiaa vastustettiin myös

and in turn, the literature of the liberal movement also became more earnest
Ja puolestaan liberaalin liikkeen kirjallisuus muuttui vakavammaksi

Germany's long wished-for opportunity for "true" Socialism was offered
Saksan kauan toivoma mahdollisuus "todelliseen" sosialismiin tarjottiin

the opportunity of confronting the political movement with the Socialist demands

mahdollisuus kohdata poliittinen liike sosialististen vaatimusten kanssa

the opportunity of hurling the traditional anathemas against liberalism

mahdollisuus heittää perinteiset anateemat liberalismia vastaan

the opportunity to attack representative government and Bourgeoisie competition

mahdollisuus hyökätä edustuksellisen hallituksen ja porvariston kilpailua vastaan

Bourgeoisie freedom of the press, Bourgeoisie legislation, Bourgeoisie liberty and equality

Porvariston lehdistönvapaus, porvariston lainsäädäntö, porvariston vapaus ja tasa-arvo

all of these could now be critiqued in the real world, rather than in fantasy

Kaikkia näitä voitaisiin nyt kritisoida todellisessa maailmassa fantasian sijaan

feudal aristocracy and absolute monarchy had long preached to the masses

Feodaalinen aristokratia ja absoluuttinen monarkia olivat pitkään saarnanneet massoille

"the working man has nothing to lose, and he has everything to gain"

"Työläisellä ei ole mitään menetettävää, ja hänellä on kaikki voitettavanaan."

the Bourgeoisie movement also offered a chance to confront these platitudes

Porvarisliike tarjosi myös mahdollisuuden kohdata nämä latteudet

the French criticism presupposed the existence of modern Bourgeoisie society

Ranskan kritiikki edellytti modernin porvariston yhteiskunnan olemassaoloa

Bourgeoisie economic conditions of existence and Bourgeoisie political constitution

Porvariston taloudelliset olemassaoloehdot ja porvariston poliittinen perustuslaki

the very things whose attainment was the object of the pending struggle in Germany

juuri ne asiat, joiden saavuttaminen oli Saksassa vireillä olevan taistelun kohteena

Germany's silly echo of socialism abandoned these goals just in the nick of time

Saksan typerä sosialismin kaiku hylkäsi nämä tavoitteet aivan viime hetkellä

the absolute governments had their following of parsons, professors, country squires and officials

Absoluuttisilla hallituksilla oli seuraajiaan pappeja, professoreita, maaorjia ja virkamiehiä

the government of the time met the German working-class risings with floggings and bullets

Silloinen hallitus kohtasi Saksan työväenluokan kapinat ruoskimisin ja luodein

for them this socialism served as a welcome scarecrow against the threatening Bourgeoisie

heille tämä sosialismi toimi tervetulleena variksenpelättimenä uhkaavaa porvaristoa vastaan

and the German government was able to offer a sweet dessert after the bitter pills it handed out

ja Saksan hallitus pystyi tarjoamaan makean jälkiruoan jakamiensa katkerien pillereiden jälkeen

this "True" Socialism thus served the governments as a weapon for fighting the German Bourgeoisie

Tämä »todellinen» sosialismi palveli siten hallituksia aseena taistelussa Saksan porvaristoa vastaan

and, at the same time, it directly represented a reactionary interest; that of the German Philistines

ja samalla se edusti suoraan taantumuksellista etua; saksalaisten filistealaisten

In Germany the petty Bourgeoisie class is the real social basis of the existing state of things
Saksassa pikkuporvaristo on vallitsevan asiaintilan todellinen yhteiskunnallinen perusta
a relique of the sixteenth century that has constantly been cropping up under various forms
kuudennentoista vuosisadan muistomerkki, joka on jatkuvasti kasvanut eri muodoissa
To preserve this class is to preserve the existing state of things in Germany
Tämän luokan säilyttäminen on säilyttää Saksan nykyinen tilanne
The industrial and political supremacy of the Bourgeoisie threatens the petty Bourgeoisie with certain destruction
Porvariston teollinen ja poliittinen ylivalta uhkaa pikkuporvaristoa varmalla tuholla
on the one hand, it threatens to destroy the petty Bourgeoisie through the concentration of capital
toisaalta se uhkaa tuhota pikkuporvariston keskittämällä pääomaa
on the other hand, the Bourgeoisie threatens to destroy it through the rise of a revolutionary proletariat
toisaalta porvaristo uhkaa tuhota sen vallankumouksellisen proletariaatin nousun kautta
"True" Socialism appeared to kill these two birds with one stone. It spread like an epidemic
"Todellinen" sosialismi näytti tappavan nämä kaksi kärpästä yhdellä iskulla. Se levisi kuin epidemia
The robe of speculative cobwebs, embroidered with flowers of rhetoric, steeped in the dew of sickly sentiment
Spekulatiivisten hämähäkinseittien viitta, kirjailtu retoriikan kukilla, täynnä sairaiden tunteiden kastetta
this transcendental robe in which the German Socialists wrapped their sorry "eternal truths"
tämä transsendenttinen viitta, johon saksalaiset sosialistit käärivät surkeat »ikuiset totuutensa»

all skin and bone, served to wonderfully increase the sale of
their goods amongst such a public
kaikki nahka ja luu, palveli ihmeellisesti lisäämään heidän
tavaroidensa myyntiä tällaisen yleisön keskuudessa
And on its part, German Socialism recognised, more and
more, its own calling
Ja omalta osaltaan saksalainen sosialismi tunnusti yhä
enemmän oman kutsumuksensa
it was called to be the bombastic representative of the petty-
Bourgeoisie Philistine
se kutsuttiin pikkuporvariston filistealaisen mahtipontiseksi
edustajaksi
It proclaimed the German nation to be the model nation, and
German petty Philistine the model man
Se julisti Saksan kansan mallikansaksi ja saksalaisen
pikkufilistealaisen mallimieheksi
To every villainous meanness of this model man it gave a
hidden, higher, Socialistic interpretation
Tämän mallimiehen jokaiselle ilkeälle ilkeydelle se antoi
piilotetun, korkeamman, sosialistisen tulkinnan
this higher, Socialistic interpretation was the exact contrary
of its real character
tämä korkeampi, sosialistinen tulkinta oli täysin päinvastainen
kuin sen todellinen luonne
It went to the extreme length of directly opposing the
"brutally destructive" tendency of Communism
Se meni äärimmäisyyksiin vastustaakseen suoraan
kommunismin "brutaalin tuhoisaa" suuntausta
and it proclaimed its supreme and impartial contempt of all
class struggles
ja se julisti mitä korkeinta ja puolueetonta halveksuntaa
kaikkia luokkataisteluja kohtaan
With very few exceptions, all the so-called Socialist and
Communist publications that now (1847) circulate in
Germany belong to the domain of this foul and enervating
literature

Hyvin harvoja poikkeuksia lukuun ottamatta kaikki niin
sanotut sosialistiset ja kommunistiset julkaisut, jotka nyt
(1847) kiertävät Saksassa, kuuluvat tämän likaisen ja
hermostuttavan kirjallisuuden alaan

2) Conservative Socialism, or Bourgeoisie Socialism
2) Konservatiivinen sosialismi tai porvariston sosialismi

**A part of the Bourgeoisie is desirous of redressing social
grievances**
Osa porvaristosta haluaa korjata yhteiskunnalliset epäkohdat
**in order to secure the continued existence of Bourgeoisie
society**
porvariston yhteiskunnan jatkuvan olemassaolon
turvaamiseksi
**To this section belong economists, philanthropists,
humanitarians**
Tähän osaan kuuluvat taloustieteilijät, hyväntekijät,
humanitaariset
**improvers of the condition of the working class and
organisers of charity**
työväenluokan aseman parantajat ja hyväntekeväisyyden
järjestäjät
members of societies for the prevention of cruelty to animals
eläimiin kohdistuvan julmuuden ehkäisemistä käsittelevien
yhdistysten jäsenet
**temperance fanatics, hole-and-corner reformers of every
imaginable kind**
Raittiusfanaatikkoja, kaikenlaisia reikä- ja kulmauudistajia
**This form of Socialism has, moreover, been worked out into
complete systems**
Tämä sosialismin muoto on sitä paitsi kehitetty täydellisiksi
järjestelmiksi

We may cite Proudhon's "Philosophie de la Misère" as an example of this form

Voimme mainita Proudhonin teoksen "Philosophie de la Misère" esimerkkinä tästä muodosta

The Socialistic Bourgeoisie want all the advantages of modern social conditions

Eserrinen porvaristo haluaa kaikki nykyaikaisten yhteiskunnallisten olojen edut

but the Socialistic Bourgeoisie don't necessarily want the resulting struggles and dangers

mutta sosialistinen porvaristo ei välttämättä halua siitä johtuvia taisteluja ja vaaroja

They desire the existing state of society, minus its revolutionary and disintegrating elements

He haluavat olemassa olevan yhteiskunnan tilan, josta on vähennetty sen vallankumoukselliset ja hajoavat elementit

in other words, they wish for a Bourgeoisie without a proletariat

toisin sanoen he toivovat porvaristoa ilman proletariaattia

The Bourgeoisie naturally conceives the world in which it is supreme to be the best

Porvaristo käsittää luonnollisesti maailman, jossa se on korkein ollakseen paras

and Bourgeoisie Socialism develops this comfortable conception into various more or less complete systems

ja porvaristo sosialismi kehittää tämän mukavan käsityksen erilaisiksi enemmän tai vähemmän täydellisiksi järjestelmiksi

they would very much like the proletariat to march straightway into the social New Jerusalem

he haluaisivat kovasti proletariaatin marssivan suoraan sosiaaliseen Uuteen Jerusalemiin

but in reality it requires the proletariat to remain within the bounds of existing society

Mutta todellisuudessa se vaatii proletariaattia pysymään olemassa olevan yhteiskunnan rajoissa

they ask the proletariat to cast away all their hateful ideas concerning the Bourgeoisie
he pyytävät proletariaattia hylkäämään kaikki porvaristoa koskevat vihamieliset ajatuksensa

there is a second more practical, but less systematic, form of this Socialism
tästä sosialismista on toinen, käytännöllisempi, mutta vähemmän järjestelmällinen muoto

this form of socialism sought to depreciate every revolutionary movement in the eyes of the working class
Tämä sosialismin muoto pyrki alentamaan jokaisen vallankumouksellisen liikkeen työväenluokan silmissä

they argue no mere political reform could be of any advantage to them
He väittävät, ettei mikään pelkkä poliittinen uudistus voisi hyödyttää heitä

only a change in the material conditions of existence in economic relations are of benefit
Vain taloudellisten suhteiden aineellisten olemassaoloehtojen muutoksesta on hyötyä

like communism, this form of socialism advocates for a change in the material conditions of existence
Kuten kommunismi, tämä sosialismin muoto kannattaa muutosta olemassaolon aineellisissa olosuhteissa

however, this form of socialism by no means suggests the abolition of the Bourgeoisie relations of production
Tämä sosialismin muoto ei kuitenkaan missään tapauksessa merkitse porvariston tuotantosuhteiden lakkauttamista

the abolition of the Bourgeoisie relations of production can only be achieved through a revolution
porvariston tuotantosuhteiden lakkauttaminen voidaan saavuttaa vain vallankumouksen avulla

but instead of a revolution, this form of socialism suggests administrative reforms
Mutta vallankumouksen sijasta tämä sosialismin muoto ehdottaa hallinnollisia uudistuksia

**and these administrative reforms would be based on the
continued existence of these relations**
ja nämä hallinnolliset uudistukset perustuisivat näiden
suhteiden jatkumiseen
**reforms, therefore, that in no respect affect the relations
between capital and labour**
uudistukset, jotka eivät millään tavoin vaikuta pääoman ja
työn välisiin suhteisiin
**at best, such reforms lessen the cost and simplify the
administrative work of Bourgeoisie government**
parhaimmillaan tällaiset uudistukset vähentävät kustannuksia
ja yksinkertaistavat porvariston hallituksen hallinnollista työtä
**Bourgeois Socialism attains adequate expression, when, and
only when, it becomes a mere figure of speech**
Porvarillinen sosialismi saavuttaa riittävän ilmaisun silloin ja
vain silloin, kun siitä tulee pelkkä kielikuva
Free trade: for the benefit of the working class
Vapaakauppa: työväenluokan hyväksi
Protective duties: for the benefit of the working class
Suojeluvelvollisuudet: työväenluokan hyväksi
Prison Reform: for the benefit of the working class
Vankilauudistus: työväenluokan hyväksi
**This is the last word and the only seriously meant word of
Bourgeoisie Socialism**
Tämä on porvarissosialismin viimeinen sana ja ainoa
vakavasti tarkoittava sana
**It is summed up in the phrase: the Bourgeoisie is a
Bourgeoisie for the benefit of the working class**
Se kiteytyy lauseeseen: porvaristo on porvaristo
työväenluokan hyväksi

3) Critical-Utopian Socialism and Communism
3) Kriittis-utopistinen sosialismi ja kommunismi

We do not here refer to that literature which has always given voice to the demands of the proletariat
Emme viittaa tässä siihen kirjallisuuteen, joka on aina antanut äänen proletariaatin vaatimuksille
this has been present in every great modern revolution, such as the writings of Babeuf and others
Tämä on ollut läsnä jokaisessa suuressa modernissa vallankumouksessa, kuten Babeufin ja muiden kirjoituksissa
The first direct attempts of the proletariat to attain its own ends necessarily failed
Proletariaatin ensimmäiset suorat yritykset saavuttaa omat päämääränsä epäonnistuivat välttämättä
these attempts were made in times of universal excitement, when feudal society was being overthrown
Nämä yritykset tehtiin yleisen jännityksen aikoina, kun feodaalinen yhteiskunta kukistettiin
the then undeveloped state of the proletariat led to those attempts failing
Proletariaatin silloinen kehittymätön tila johti näiden yritysten epäonnistumiseen
and they failed due to the absence of the economic conditions for its emancipation
Ja he epäonnistuivat, koska sen vapautumiselle ei ollut taloudellisia edellytyksiä
conditions that had yet to be produced, and could be produced by the impending Bourgeoisie epoch alone
olosuhteet, joita ei ollut vielä tuotettu ja jotka vain lähestyvä porvariston aikakausi voisi tuottaa
The revolutionary literature that accompanied these first movements of the proletariat had necessarily a reactionary character

Vallankumouksellisella kirjallisuudella, joka seurasi näitä
proletariaatin ensimmäisiä liikkeitä, oli väistämättä
taantumuksellinen luonne
**This literature inculcated universal asceticism and social
levelling in its crudest form**
Tämä kirjallisuus juurrutti universaalin askeesin ja sosiaalisen
tasapäistämisen karkeimmassa muodossaan
**The Socialist and Communist systems, properly so called,
spring into existence in the early undeveloped period**
Sosialistiset ja kommunistiset järjestelmät, varsinaisesti niin
kutsutut, syntyvät varhaisella kehittymättömällä kaudella
**Saint-Simon, Fourier, Owen and others, described the
struggle between proletariat and Bourgeoisie (see Section 1)**
Saint-Simon, Fourier, Owen ja muut kuvasivat proletariaatin
ja porvariston välistä taistelua (katso osa 1)
**The founders of these systems see, indeed, the class
antagonisms**
Näiden järjestelmien perustajat näkevät todellakin
luokkavastakohdat
**they also see the action of the decomposing elements, in the
prevailing form of society**
He näkevät myös hajoavien elementtien toiminnan
vallitsevassa yhteiskuntamuodossa
**But the proletariat, as yet in its infancy, offers to them the
spectacle of a class without any historical initiative**
Mutta proletariaatti, joka on vielä lapsenkengissään, tarjoaa
heille luokan spektaakkelin ilman mitään historiallista
aloitetta
**they see the spectacle of a social class without any
independent political movement**
He näkevät spektaakkelin yhteiskuntaluokasta ilman
itsenäistä poliittista liikettä
**the development of class antagonism keeps even pace with
the development of industry**
luokkavastakohtaisuuden kehittyminen pysyy tasaisena
teollisuuden kehityksen kanssa

so the economic situation does not as yet offer to them the material conditions for the emancipation of the proletariat
Niinpä taloudellinen tilanne ei vielä tarjoa heille aineellisia edellytyksiä proletariaatin vapautumiselle
They therefore search after a new social science, after new social laws, that are to create these conditions
Siksi he etsivät uutta yhteiskuntatiedettä, uusia sosiaalisia lakeja, joiden on määrä luoda nämä olosuhteet
historical action is to yield to their personal inventive action
Historiallinen toiminta on taipumista heidän henkilökohtaiseen kekseliäisyyteensä
historically created conditions of emancipation are to yield to fantastic conditions
Historiallisesti luodut vapautumisen olosuhteet antavat periksi fantastisille olosuhteille
and the gradual, spontaneous class-organisation of the proletariat is to yield to the organisation of society
ja proletariaatin asteittainen, spontaani luokkaorganisaatio antaa periksi yhteiskunnan organisoinnille
the organisation of society specially contrived by these inventors
näiden keksijöiden erityisesti keksimä yhteiskuntaorganisaatio
Future history resolves itself, in their eyes, into the propaganda and the practical carrying out of their social plans
Tulevaisuuden historia ratkeaa heidän silmissään heidän yhteiskunnallisten suunnitelmiensa propagandaan ja käytännön toteuttamiseen
In the formation of their plans they are conscious of caring chiefly for the interests of the working class
Suunnitelmiaan laatiessaan he ovat tietoisia siitä, että he huolehtivat pääasiassa työväenluokan eduista
Only from the point of view of being the most suffering class does the proletariat exist for them
Proletariaatti on olemassa heitä varten vain siitä näkökulmasta, että se on kaikkein kärsivin luokka

The undeveloped state of the class struggle and their own
surroundings inform their opinions
Luokkataistelun kehittymätön tila ja oma ympäristö kertovat
heidän mielipiteistään
Socialists of this kind consider themselves far superior to all
class antagonisms
Tällaiset sosialistit pitävät itseään paljon kaikkia
luokkavastakohtia ylempänä
They want to improve the condition of every member of
society, even that of the most favoured
He haluavat parantaa jokaisen yhteiskunnan jäsenen, myös
kaikkein suosituimmuusasemassa olevien, oloja
Hence, they habitually appeal to society at large, without
distinction of class
Siksi heillä on tapana vedota koko yhteiskuntaan
luokkaerottelusta riippumatta
nay, they appeal to society at large by preference to the
ruling class
Ei, he vetoavat koko yhteiskuntaan mieluummin kuin
hallitsevaan luokkaan
to them, all it requires is for others to understand their
system
Heille se vaatii vain, että muut ymmärtävät heidän
järjestelmänsä
because how can people fail to see that the best possible
plan is for the best possible state of society?
Sillä miten ihmiset voivat olla näkemättä, että paras
mahdollinen suunnitelma on yhteiskunnan paras mahdollinen
tila?
Hence, they reject all political, and especially all
revolutionary, action
Siksi he hylkäävät kaiken poliittisen ja erityisesti kaiken
vallankumouksellisen toiminnan
they wish to attain their ends by peaceful means
he haluavat saavuttaa päämääränsä rauhanomaisin keinoin

they endeavour, by small experiments, which are necessarily doomed to failure

He pyrkivät pienillä kokeiluilla, jotka ovat väistämättä tuomittuja epäonnistumaan

and by the force of example they try to pave the way for the new social Gospel

ja esimerkin voimalla he yrittävät tasoittaa tietä uudelle sosiaaliselle evankeliumille

Such fantastic pictures of future society, painted at a time when the proletariat is still in a very undeveloped state

Tällaisia fantastisia kuvia tulevasta yhteiskunnasta, maalattu aikana, jolloin proletariaatti on vielä hyvin kehittymättömässä tilassa

and it still has but a fantastical conception of its own position

ja sillä on edelleen vain mielikuvituksellinen käsitys omasta asemastaan

but their first instinctive yearnings correspond with the yearnings of the proletariat

Mutta heidän ensimmäiset vaistomaiset kaipauksensa vastaavat proletariaatin kaipausta

both yearn for a general reconstruction of society

Molemmat kaipaavat yhteiskunnan yleistä jälleenrakentamista

But these Socialist and Communist publications also contain a critical element

Mutta nämä sosialistiset ja kommunistiset julkaisut sisältävät myös kriittisen elementin

They attack every principle of existing society

He hyökkäävät kaikkia olemassa olevan yhteiskunnan periaatteita vastaan

Hence they are full of the most valuable materials for the enlightenment of the working class

Siksi ne ovat täynnä arvokkainta materiaalia työväenluokan valistamiseksi

they propose abolition of the distinction between town and country, and the family

He ehdottavat kaupungin ja maaseudun sekä perheen välisen
eron poistamista
**the abolition of the carrying on of industries for the account
of private individuals**
teollisuuden harjoittamisen lopettaminen yksityishenkilöiden
lukuun
**and the abolition of the wage system and the proclamation
of social harmony**
ja palkkausjärjestelmän lakkauttaminen ja yhteiskunnallisen
sopusoinnun julistaminen
**the conversion of the functions of the State into a mere
superintendence of production**
valtion tehtävien muuttaminen pelkäksi tuotannon
valvonnaksi
**all these proposals, point solely to the disappearance of class
antagonisms**
Kaikki nämä ehdotukset viittaavat yksinomaan
luokkavastakohtien häviämiseen
class antagonisms were, at that time, only just cropping up
Luokkavastakohtaisuudet olivat tuolloin vasta ilmaantumassa
**in these publications these class antagonisms are recognised
in their earliest, indistinct and undefined forms only**
Näissä julkaisuissa nämä luokkavastakohdat tunnistetaan vain
varhaisimmissa, epäselvissä ja määrittelemättömissä
muodoissaan
These proposals, therefore, are of a purely Utopian character
Nämä ehdotukset ovat siis luonteeltaan puhtaasti utopistisia
**The significance of Critical-Utopian Socialism and
Communism bears an inverse relation to historical
development**
Kriittis-utopistisen sosialismin ja kommunismin merkitys on
käänteisessä suhteessa historialliseen kehitykseen
**the modern class struggle will develop and continue to take
definite shape**
Nykyaikainen luokkataistelu tulee kehittymään ja jatkamaan
selvää muotoutumistaan

this fantastic standing from the contest will lose all practical
value
Tämä fantastinen asema kilpailussa menettää kaiken
käytännön arvon
these fantastic attacks on class antagonisms will lose all
theoretical justification
Nämä mielikuvitukselliset hyökkäykset
luokkavastakohtaisuuksia vastaan menettävät kaiken
teoreettisen oikeutuksen
the originators of these systems were, in many respects,
revolutionary
Näiden järjestelmien alullepanijat olivat monessa suhteessa
vallankumouksellisia
but their disciples have, in every case, formed mere
reactionary sects
Mutta heidän opetuslapsensa ovat joka tapauksessa
muodostaneet pelkkiä taantumuksellisia lahkoja
They hold tightly to the original views of their masters
He pitävät tiukasti kiinni mestareidensa alkuperäisistä
näkemyksistä
but these views are in opposition to the progressive
historical development of the proletariat
Mutta nämä näkemykset ovat ristiriidassa proletariaatin
asteittaisen historiallisen kehityksen kanssa
They, therefore, endeavour, and that consistently, to deaden
the class struggle
Siksi he pyrkivät johdonmukaisesti tukahduttamaan
luokkataistelun
and they consistently endeavour to reconcile the class
antagonisms
ja he pyrkivät johdonmukaisesti sovittamaan yhteen
luokkavastakohdat
They still dream of experimental realisation of their social
Utopias
He haaveilevat yhä sosiaalisten utopioidensa kokeellisesta
toteuttamisesta

they still dream of founding isolated "phalansteres" and
establishing "Home Colonies"
he haaveilevat edelleen eristettyjen "falanstereiden"
perustamisesta ja "kotisiirtokuntien" perustamisesta
they dream of setting up a "Little Icaria" — duodecimo
editions of the New Jerusalem
he haaveilevat perustavansa "Pikku Icaria" - Uuden
Jerusalemin duodecimo-painokset
and they dream to realise all these castles in the air
Ja he unelmoivat toteuttavansa kaikki nämä linnat ilmassa
they are compelled to appeal to the feelings and purses of
the bourgeois
Heidän on pakko vedota porvariston tunteisiin ja kukkaroihin
By degrees they sink into the category of the reactionary
conservative Socialists depicted above
Vähitellen he vajoavat edellä kuvattujen taantumuksellisten
konservatiivisosialistien luokkaan
they differ from these only by more systematic pedantry
Ne eroavat näistä vain järjestelmällisemmällä
pedanttisuudella
and they differ by their fanatical and superstitious belief in
the miraculous effects of their social science
Ja he eroavat toisistaan fanaattisella ja taikauskoisella
uskomuksellaan yhteiskuntatieteensä ihmeellisiin
vaikutuksiin
They, therefore, violently oppose all political action on the
part of the working class
Siksi he vastustavat väkivaltaisesti kaikkea työväenluokan
poliittista toimintaa
such action, according to them, can only result from blind
unbelief in the new Gospel
Heidän mukaansa tällainen toiminta voi johtua vain sokeasta
epäuskosta uuteen evankeliumiin
The Owenites in England, and the Fourierists in France,
respectively, oppose the Chartists and the "Réformistes"

Englannin oweniitit ja Ranskan fourieristit vastustavat
chartisteja ja "reformisteja"

Position of the Communists in Relation to the Various
Existing Opposision Parties
Kommunistien asema suhteessa olemassa oleviin eri
oppositiopuolueisiin

**Section II has made clear the relations of the Communists to
the existing working-class parties**
II jakso on tehnyt selväksi kommunistien suhteet olemassa
oleviin työväenluokan puolueisiin
**such as the Chartists in England, and the Agrarian
Reformers in America**
kuten chartistit Englannissa ja maatalouden uudistajat
Amerikassa
**The Communists fight for the attainment of the immediate
aims**
Kommunistit taistelevat välittömien tavoitteiden
saavuttamiseksi
**they fight for the enforcement of the momentary interests of
the working class**
He taistelevat työväenluokan hetkellisten etujen
toteuttamiseksi
**but in the political movement of the present, they also
represent and take care of the future of that movement**
Mutta nykyhetken poliittisessa liikkeessä he myös edustavat ja
huolehtivat tuon liikkeen tulevaisuudesta
**In France the Communists ally themselves with the Social-
Democrats**
Ranskassa kommunistit liittoutuvat sosialidemokraattien
kanssa
**and they position themselves against the conservative and
radical Bourgeoisie**

ja he asettuvat konservatiivista ja radikaalia porvaristoa
vastaan
**however, they reserve the right to take up a critical position
in regard to phrases and illusions traditionally handed down
from the great Revolution**
He pidättävät kuitenkin itselleen oikeuden ottaa kriittisen
kannan suuresta vallankumouksesta perinteisesti annettuihin
lauseisiin ja illuusioihin
**In Switzerland they support the Radicals, without losing
sight of the fact that this party consists of antagonistic
elements**
Sveitsissä he tukevat radikaaleja unohtamatta sitä, että tämä
puolue koostuu antagonistisista aineksista
**partly of Democratic Socialists, in the French sense, partly of
radical Bourgeoisie**
osittain demokraattisia sosialisteja ranskalaisessa mielessä,
osittain radikaalia porvaristoa
**In Poland they support the party that insists on an agrarian
revolution as the prime condition for national emancipation**
Puolassa he tukevat puoluetta, joka vaatii
agraarivallankumousta kansallisen vapautumisen
ensisijaiseksi edellytykseksi
**that party which fomented the insurrection of Cracow in
1846**
puolue, joka lietsoi Krakovan kapinaa vuonna 1846
**In Germany they fight with the Bourgeoisie whenever it acts
in a revolutionary way**
Saksassa he taistelevat porvariston kanssa aina, kun se toimii
vallankumouksellisella tavalla
**against the absolute monarchy, the feudal squirearchy, and
the petty Bourgeoisie**
absoluuttista monarkiaa, feodaalista oravaa ja
pikkuporvaristoa vastaan
**But they never cease, for a single instant, to instil into the
working class one particular idea**

Mutta he eivät koskaan lakkaa hetkeksikään juurruttamasta
työväenluokkaan yhtä erityistä ajatusta
**the clearest possible recognition of the hostile antagonism
between Bourgeoisie and proletariat**
porvariston ja proletariaatin välisen vihamielisen
vastakkainasettelun mahdollisimman selvä tunnustaminen
**so that the German workers may straightaway use the
weapons at their disposal**
jotta saksalaiset työläiset voisivat heti käyttää käytettävissään
olevia aseita
**the social and political conditions that the Bourgeoisie must
necessarily introduce along with its supremacy**
yhteiskunnalliset ja poliittiset olosuhteet, jotka porvariston on
välttämättä otettava käyttöön ylivaltansa ohella
the fall of the reactionary classes in Germany is inevitable
taantumuksellisten luokkien kaatuminen Saksassa on
väistämätöntä
**and then the fight against the Bourgeoisie itself may
immediately begin**
ja sitten taistelu itse porvaristoa vastaan voi heti alkaa
**The Communists turn their attention chiefly to Germany,
because that country is on the eve of a Bourgeoisie
revolution**
Kommunistit kääntävät huomionsa etupäässä Saksaan, koska
se on porvariston vallankumouksen kynnyksellä
**a revolution that is bound to be carried out under more
advanced conditions of European civilisation**
vallankumous, joka on pakko toteuttaa eurooppalaisen
sivilisaation edistyneemmissä olosuhteissa
**and it is bound to be carried out with a much more
developed proletariat**
ja se on pakko toteuttaa paljon kehittyneemmän proletariaatin
kanssa
**a proletariat more advanced than that of England was in the
seventeenth, and of France in the eighteenth century**

proletariaatti, joka oli edistyneempi kuin Englannissa, oli
seitsemännellätoista vuosisadalla ja Ranskassa
kahdeksastoista-luvulla
**and because the Bourgeoisie revolution in Germany will be
but the prelude to an immediately following proletarian
revolution**
ja koska porvariston vallankumous Saksassa tulee olemaan
vain alkusoittoa välittömästi seuraavalle proletaariselle
vallankumoukselle
**In short, the Communists everywhere support every
revolutionary movement against the existing social and
political order of things**
Lyhyesti sanottuna, kommunistit kaikkialla tukevat jokaista
vallankumouksellista liikettä vallitsevaa yhteiskunnallista ja
poliittista järjestystä vastaan
**In all these movements they bring to the front, as the leading
question in each, the property question**
Kaikissa näissä liikkeissä he tuovat eteen, johtavana
kysymyksenä kussakin, omaisuuskysymyksen
**no matter what its degree of development is in that country
at the time**
riippumatta siitä, mikä sen kehitysaste on kyseisessä maassa
tuolloin;
**Finally, they labour everywhere for the union and
agreement of the democratic parties of all countries**
Lopuksi he työskentelevät kaikkialla kaikkien maiden
demokraattisten puolueiden liiton ja sopimuksen puolesta
The Communists disdain to conceal their views and aims
Kommunistit eivät halua salata näkemyksiään ja tavoitteitaan
**They openly declare that their ends can be attained only by
the forcible overthrow of all existing social conditions**
He julistavat avoimesti, että heidän päämääränsä voidaan
saavuttaa vain kukistamalla voimakeinoin kaikki olemassa
olevat yhteiskunnalliset olot
Let the ruling classes tremble at a Communistic revolution

Annetaan hallitsevien luokkien vapisemaan kommunistisesta vallankumouksesta

The proletarians have nothing to lose but their chains

Proletaareilla ei ole muuta menetettävää kuin kahleensa

They have a world to win

Heillä on maailma voitettavana

WORKING MEN OF ALL COUNTRIES, UNITE!

KAIKKIEN MAIDEN TYÖLÄISET, LIITTYKÄÄ YHTEEN!